I N V E S T I G A Ç Á O

I

IMPRENSA DA UNIVERSIDADE DE COIMBRA
COIMBRA UNIVERSITY PRESS

U

Coordenação editorial

Imprensa da Universidade de Coimbra

Email: imprensa@uc.pt

URL: http://www.uc.pt/imprensa_uc

Vendas online: http://livrariadaimprensa.uc.pt

Infografia

Carlos Costa

Print By

CreateSpace

ISBN

978-989-26-1354-3

ISBN DIGITAL

978-989-26-1355-0

DOI

https://doi.org/10.14195/978-989-26-1355-0

Depósito legal

/17

A AVENTURA DA MOEDA ÚNICA EUROPEIA

ENREDOS E DILEMAS, PROGRESSOS E DESAFIOS
ENSAIO DE HISTÓRIA E DE POLÍTICA

ANTÓNIO MARTINS DA SILVA

IMPRENSA DA UNIVERSIDADE DE COIMBRA
COIMBRA UNIVERSITY PRESS

SUMÁRIO

SIGLAS E ACRÓNIMOS

ABE (EBA)   Autoridade Bancária Europeia

APP   Programa de compra de ativos (*asset purchase programme*) do BCE, em 2016-2017

AUE   Ato Único Europeu

BCE   Banco Central Europeu

BEI   Banco Europeu de Investimento

CE   Comunidade Europeia

CECA   Comunidade Europeia do Carvão e do Aço

CEE   Comunidade Económica Europeia

CIG   Conferência intergovernamental (para negociação dos tratados)

DEM   Marco alemão (RFA), substituído pelo euro

EBA (ABE)   Autoridade Bancária Europeia

ECU   Unidade de Conta Europeia (*European Currency Unit*) da CEE/CE no quadro do SME (substituída pelo euro em 1999)

ECOFIN   Conselho de Ministros de Economia e Finanças

EIOPA   Autoridade Europeia dos Seguros e Pensões Complementares

EM   Estado(s)-membro(s)

ESMA   Autoridade Europeia dos Valores Mobiliários e dos Mercados

ESRB   Comité Europeu de Risco Sistémico

EUA   Estados Unidos da América

FECOM   Fundo Europeu de Cooperação Monetária

FEEF   Fundo Europeu de Estabilidade Financeira

FEIE   Fundo Europeu para Investimentos Estratégicos (Plano Juncker)

FMI   Fundo Monetário Internacional

GOPE (OGPE)   Grandes Orientações de Política Económica

G20   Grupo das 20 maiores economias do mundo (19 Estados participantes mais a UE)

MAC   Método aberto de coordenação

MEE	Mecanismo Europeu de Estabilidade
MEEF	Mecanismo Europeu de Estabilização Financeira
MNE	Ministro dos Negócios Estrangeiros
MTC	Mecanismo de taxas de câmbio (MTC II, desde 2006, entre o euro e as moedas nacionais participantes)
MUS	Mecanismo Único de Supervisão (união bancária europeia)
MUR	Mecanismo Único de Resolução (união bancária europeia)
OCDE	Organização de Cooperação e Desenvolvimento Económico
OECE	Organização Europeia de Cooperação Económica
OGPE (GOPE)	Orientações Gerais de Política Económica
OMT	Sigla inglesa de *Transações Monetárias Definitivas (Outright Monetary Transactions)*
PDE	Procedimento de défice excessivo
PE	Parlamento Europeu
PEC	Pacto de Estabilidade e Crescimento
RDA	República Democrática da Alemanha
RFA	República Federal da Alemanha
RU	Reino Unido da Grã-Bretanha e da Irlanda do Norte
SDN	Sociedade das Nações
SEBC	Sistema Europeu dos Bancos Centrais
SESD	Sistema Europeu
SGD	Sistema Único de Garantia de Depósitos (união bancária europeia)
SME	Sistema Monetário Europeu
TECG	Tratado sobre Estabilidade, Coordenação e Governação na União Económica e Monetária
TFUE	Tratado de Funcionamento da União Europeia
TJCE	Tribunal de Justiça das Comunidades Europeias
TJUE	Tribunal de Justiça da União Europeia (e/ou das Comunidades Europeias, quando a sigla é utilizada em âmbito geral, não contextualizada historicamente)
TL	Tratado de Lisboa
TM	Tratado de Maastricht
TUE	Tratado da União Europeia
UE	União Europeia
UEM	União Económica e Monetária
URSS	União das Repúblicas Socialistas Soviéticas
ZMO	Zona Monetária Ótima

PREÂMBULO

Este estudo é um bosquejo de história. Traça um quadro narrativo do período da crise da área do euro, ao longo de um sexénio frenético, desde o início da falência financeira da Grécia em 2010 até à relativa acalmia das dívidas soberanas, apoiadas pelo BCE, em 2016. É um esboço possível, numa abordagem de história imediata, sobre um contexto intenso, de emoções e de perplexidades, de sombras e de espumas, de desencantos e de alaridos, em que os factos vividos não estão ainda desenlaçados. Faz uma revisitação a outros contextos e acontecimentos passados num esforço retrospetivo para apoiar a compreensão ou o ajuizamento dos factos presentes.

Este ensaio é também um exercício interdisciplinar de análise política e de cidadania. Está presente na pretensão analítica de levantamento das soluções conseguidas, de balanço das fragilidades sistémicas, de denúncia dos bloqueios recorrentes e de enunciação dos dilemas existenciais com que a Europa se confronta, e, em particular, num domínio tão crucial e tão desafiante como é o da conclusão da união económica e monetária – eixo basilar do mercado unificado, que é, por sua vez, o suporte estrutural do processo de integração tal como se tem realizado desde o pós II-Guerra Mundial. A perspetiva académica, situada na área interdisciplinar dos estudos europeus, norteia o nosso critério de análise, mas não nos inibimos de tomar posição crítica e cívica fundamentada sobre os enredos e as tramas, os impasses e os desafios com que nos confrontamos no desenvolvimento deste estudo.

Esta abordagem é ainda um compromisso entre duas categorias de destinatários: o académico, docente ou investigador, que se interessa pela união económica e monetária europeia e, em particular, pela crise da zona euro; e o estudante de cursos diversificados nos quais se lecionem matérias europeias (estudos europeus, relações internacionais, ciência política, direito, economia, história, entre outros). Ora, uma tal pretensão, difícil e delicada, obrigou a um esforço duplo de contenção: a supressão, sempre que possível, de aspetos mais eruditos, caros ao investigador, como notas de-rodapé, referências e citações documentais e bibliográficas; e a economia de espaço, que alivie os custos e não desmotive os estudantes – que são estes, afinal, a preocupação primeira e a razão de ser de uma Universidade, cuja imprensa suporta a totalidade das despesas de edição da obra vertente. Não ignorámos também – considerando adicionalmente a perspetiva cívica subjacente aos propósitos deste estudo –, outros públicos, fora da academia, que, dispondo já de um conhecimento geral sobre a União Europeia, se interessam pela aventura da moeda única, que tantos debates, tão contraditórios e confusos, tem suscitado, desde que o turbilhão das dívidas soberanas entrou nas vidas dos europeus. Se conseguimos ir ao encontro destes propósitos, cabe ao leitor ajuizar: os deméritos são todos, evidentemente, da responsabilidade exclusiva do autor.

Atento às acusações e às propostas dos adversários da Europa integrada – centradas todas na restituição plena da soberania redentora e salvífica do estado-nação, sem ou com o complemento de associações intergovernamentais de simples cooperação ou de mercado flexível –, fundamos o nosso posicionamento numa sensibilidade amadurecida e numa convicção laboriosa de que a Europa unida e coesa é uma necessidade, por muito que nos desgoste o desvario que afeta a UE em períodos de crise ampla e persistente, como esta (a atual) que a descredibiliza e desgasta. Não vislumbramos, contudo, alternativa, credível e racional, para a aventura de uma Europa na eterna ânsia da paz perpétua entre as nações e da prosperidade sustentável dos povos que a compõem, que não seja a do aprofundamento do seu processo de integração: mais supranacional e menos intergovernamental, mais político e mais democrático, mais social e mais solidário. Só por esta via se poderão colmatar as insuficiências crónicas do projeto europeu fundador, corrigir os defeitos de metodologia, neutralizar as dificuldades de percurso, superar as incomodidades disruptivas, que, nos tempos que correm, tanto impacientam e desencantam e tantos engodos facultam às pulsões soberanistas e populistas.

Foi nossa pretensão nesta abordagem contribuir para clarificar as imperfeições da construção europeia – que tão desconhecida tem andado e tão demonizada tem sido com tão equívocos e desinformados pretextos – numa área vital para a sua sobrevivência, como é a da zona euro e da sua governação económica. Se conseguimos, por modesto que seja o contributo, fazer entender melhor o que está em jogo, fica compensado o esforço despendido.

INTRODUÇÃO

Fevereiro de 2017. Nesta parte do mundo, a que comumente se designa por Ocidente. Houve a implosão do sistema soviético, o suposto "fim da História", a crença na universalização da democracia, a deriva unipolar agressiva da hiperpotência dos anos Bush, a irrupção e o exacerbamento de um neoliberalismo à solta que parece ter contaminado tudo e todos, a irracionalidade e a desregulação de um sistema bancário a operar sem freios, o desgaste ou o desmantelamento dos contrapesos que moderavam a ganância do capitalismo e lhe conferiam um rosto humano por via de políticas sociais e redistributivas abrangentes, a diluição das clivagens entre os partidos do centro que se alternavam geralmente no exercício do poder, a promiscuidade da política e dos negócios, a desconfiança dos cidadãos e dos eleitores nos atores políticos tradicionais do sistema, o acondicionamento das políticas públicas a um reducionismo *austeritário* em nome de princípios esquemáticos sem rosto e, alegadamente, sem alternativa, a concentração da riqueza num pequeno punhado de oligarcas gananciosos, o empobrecimento e a desesperança da classe média, a agudização da precariedade e o aumento galopante dos deserdados da Terra. Todos estes desmandos e disrupções causaram mossas irreparáveis num sistema que abre brechas destrutivas, lá ou sobretudo onde é o seu espaço natural e histórico – o da denominada civilização ocidental.

A história ensina que as classes dominantes, na política ou na economia ou onde quer que exista poder estabelecido, nunca aprendem com os seus excessos e desvarios e não param para olhar, entender e corrigir o mal que fazem ou que grassa à sua volta. O egoísmo dos privilegiados, a cegueira dos interesses, o gozo ou o abuso do poder não olham a meios para potenciar a cupidez e endurecer o mando; perante os sinais crescentes de desconforto ou de desespero dos proscritos do sistema, perante os protestos ou as revoltas emergentes – a indiferença, o divisionismo e a repressão moldam a resposta costumeira. No clímax da exasperação, as denominadas reformas podem ocorrer: para tapar alguns buracos incómodos ou para cuidar de algumas feridas mais expostas; não, geralmente, para atacar a doença ou para resolver problemas de fundo. E, por vezes, é tarde demais, e a desordem acontece: os critérios da racionalidade dominante subvertem-se, descontroladamente, irremissivelmente. São as revoluções ou as guerras.

O mundo desta segunda década do século XXI parece estar no limiar da vertigem; mas só o futuro o dirá. Não se vê, no ponto a que se chegou, esperança lenitiva para os desamparados da engrenagem, numa cadeia que agrilhoa cada vez mais vítimas indefesas: são, nuns sítios mais do que noutros, os jovens sem emprego, melhor formados que nunca, com estágios gratuitos ou com subsídios ridículos, com empregos precários e mal pagos, numa maquinaria infernal de exploração desvergonhada e impune; são os aposentados e reformados, muitos dos quais passaram vidas inteiras de trabalho a descontar para o descanso merecido das suas reformas, que vêm agora reduzidas e incertas; são os exércitos de desempregados, banidos do sistema, marginalizados pela globalização avassaladora e pela tecnologia imparável, que rentabilizam os negócios, mas não acautelam as pessoas. Assim vai o Mundo ou a Europa: não há nada a fazer, a não ser mais do mesmo, não há alternativa – diz-se, proclama-se, impõe-se, estatui-se.

E o resultado está à vista! Uma certa ideia de racionalidade e de "politicamente correto", que tem dominado nas políticas intestinas e nas relações internacionais, parece eclipsar-se a uma velocidade e dimensão estonteantes: o que eram sinais preocupantes e crescentes, aqui, ali e acolá, parece ter entrado de rompante e às escâncaras lá onde menos se esperava – na América pós-Obama. E o mundo escuta e olha... e pasma. A Europa, chocada e perplexa, não sabe ainda como reagir; mas, da resposta que (não) conseguir concertar, dependerá, por certo, o seu futuro.

De todas as manifestações de crise que têm fustigado a União Europeia, em particular na segunda década do novo século – da crise financeira internacional à crise das dívidas soberanas, da crise migratória e do refúgio à crise da segurança, do euroceticismo crescente ao *Brexit* irrevogável, do défice democrático larvar à deriva intergovernamental invasiva, do soberanismo revivalista ao nacionalismo salvífico – aquela que mais estragos produziu no estado de alma dos europeus e que mais ruinosas consequências pode vir a ter, na relação dos estados-membros e na afeição dos cidadãos para com a Europa, na confiança das instituições da União e na sustentabilidade do projeto europeu, foi, pelo efeito também de ricochete sobre as outras dificuldades ocorridas, a da zona euro, que persiste sem solução perene e consistente. A eficácia e a ousadia terapêuticas das medidas concertadas, para colmatar a vulnerabilidade primordial da união económica e monetária (UEM) e robustecer a credibilidade e a dinâmica integradora da moeda única, ditarão, por certo, o devir desta aventura europeia de unidade, de paz e de progresso, iniciada depois e por causa das duas catástrofes bélicas do séc. XX, mas já ambicionada por muitos desde há séculos.

Esboce-se, pois, um ensaio histórico e político, uma reflexão retrospetiva e analítica sobre a união económica e monetária – espinha dorsal do mercado interno europeu –, um balanço, um deve e haver destes seis anos alucinantes (2010-2016), da vertigem dos acontecimentos às razões de fundo, dos progressos conseguidos aos problemas não solucionados, das perplexidades fraturantes aos dilemas existenciais.

A.

A VERTIGEM DOS ACONTECIMENTOS:
DO TURBILHÃO DAS DÍVIDAS SOBERANAS
À RECESSÃO ECONÓMICA DA ZONA EURO
(2010-2016)

Na sequência da crise de 2007 e antes da agudização negativa das dívidas soberanas na área do euro, que fez soar todos os alarmes, já alguns estados-membros da UE, fora desta zona, tinham sido objeto de assistência financeira internacional, com a intervenção do Fundo Monetário Internacional (FMI), do Banco Mundial e da UE. Pela parte desta, foi ativado o «mecanismo de apoio às balanças de pagamentos», criado em 2002, mas destinado apenas aos países não adotantes do euro (limitado a 12 mil milhões de euros por estado-membro e ao total de 50 mil milhões de euros, devendo os Estados visados levar a cabo programas de disciplina orçamental e de reformas estruturais). Desse instrumento de apoio beneficiou a Hungria, entre 2008-2010, no valor de 5,5 mil milhões de EUR, e, em 2009, a Letónia, dotada de um montante máximo de 7,5 mil milhões, e a Roménia, ajudada em 5 mil milhões – casos que poderiam ter servido de alerta se tivesse havido clarividência para prevenir repercussões mais vastas. A onda de choque, contudo, só começou com a Grécia, em 2010, que se estenderia, subsequentemente, a outros países periféricos, estruturalmente mais frágeis, e se repercutiria a outros estados-membros, economicamente mais sólidos, ameaçando contaminar tudo e todos, num turbilhão incontrolável.

A.1. A zona euro à beira da implosão: mil dias que abalaram a Europa (2010-2012)

A.1.1. A crise grega e o "senhor que se segue"

Pelos finais de 2009 soube-se que a Grécia, à custa de manipulações estatísticas, escondera um grave descontrolo das contas públicas, que registava valores de défice orçamental e de dívida pública muito superiores aos que seriam toleráveis num país da área do euro (mais do triplo e do dobro, respetivamente, dos limiares referenciais de 3% e de 60% do PIB no quadro do PEC). Tal cenário indisponibilizou os mercados financeiros para a compra dos títulos da dívida grega, as agências de notação baixaram as suas classificações quanto à capacidade de a Grécia pagar os empréstimos contraídos e honrar os seus compromissos. Numa espiral de endividamento galopante e de forte austeridade recessiva, este país esteve por diversas vezes à beira do incumprimento das suas obrigações financeiras externas e na iminência da sua incapacidade de satisfazer também, internamente, as necessidades do funcionamento do próprio Estado. Ora, o risco de insolvência da Grécia alarmou não só os seus principais credores, mas, sobretudo, os países da zona euro, pelo efeito de contágio que poderia desencadear sobre alguns Estados em situação financeira mais frágil (Irlanda, Portugal) e pelo subsequente alastramento a outros países (Espanha, Itália, França), cujo peso económico ameaçava fazer colapsar a moeda única e arrastar, na voragem do furacão, o mercado interno – trave-mestra do projeto integrador europeu. A UE teve de reagir, sempre a desoras e de forma hesitante e insatisfatória, manietada por dois tipos de constrangimentos: por um lado, a impossibilidade legal de, ao nível da União, por via do BCE ou dos bancos centrais do Eurossistema, se ir em socorro das dívidas soberanas, com a concessão de empréstimos ou com a compra direta dos títulos emitidos pelas administrações públicas (centrais ou regionais), porque os tratados em vigor a tal se opõem (art.º 123º-1 TFUE); por outro, pela indisponibilidade de alguns estados-membros, em particular da Alemanha – defensora de comportamentos de severa contenção orçamental e de austeridade reforçada nos países mais atingidos –, para se tomarem medidas suficientemente robustas e convincentes, capazes de dissuadir as pressões e as desconfianças amplificadas dos mercados financeiros.

a) No início da crise era a Grécia...

Vencedor das eleições gregas, o primeiro-ministro socialista Geórgios Papandreou do partido Pasok, anunciara, uma semana após ser empossado no governo de Atenas (16 de outubro), que o défice público grego era de 12,4%, sugerindo assim uma falsificação das contas gregas por parte do executivo que o antecedeu, que indicara um valor favorável muito diferente (3,4% do PIB). Esta denúncia e esta desconfiança sobre informações inexatas prestadas pelos executivos gregos, independentemente da sua cor política, fornecidas ao Eurostat pelos organismos estatísticos nacionais de duvidosa fiabilidade, era recorrente e tivera eco ocasionalmente nas instituições europeias. Contudo, só agora a Comissão Europeia decidira intervir, tendo enviado à Grécia, no início de janeiro de 2010, uma equipa técnica cuja apreciação foi preocupante quanto ao rigor das contas gregas, à seriedade das autoridades e à verdadeira dimensão dos dados presumíveis do défice e da dívida do Estado helénico.

As agências de notação de crédito, dominadas por três instituições americanas – Fitch, Moody's e Standard & Poor's, designações estranhas para o comum dos europeus, tornadas, entretanto, angustiantemente familiares – reagiram de pronto: baixaram as notações de risco, a agência Fitch classificou a dívida grega abaixo do nível A, para um patamar de "lixo", sem precedente para um país europeu, impensável para um membro do euro. Ameaçada de incumprimento, as possibilidades de financiamento no mercado obrigacionista por parte da Grécia, mergulhada numa grave crise económica e financeira, tornaram-se muito precárias; sob a mira da desconfiança crescente dos mercados, a crise grega evolui para uma crise de solvabilidade. É o início de um longo calvário, que vitimará duramente este país e, de rompante, outros Estados mais frágeis, mas ameaçava contaminar toda a zona euro.

Com um défice orçamental muito elevado, o sector público grego representa, à época, 22,3% do total da força de trabalho (13% em Portugal, outro país em dificuldades); o Estado é um empregador privilegiado, a administração tem falhas sérias de eficácia, o país endividou-se desmesuradamente (com uma dívida pública a atingir 115% do PIB), a coleta de impostos tem grandes fragilidades, a evasão fiscal é elevada (estima-se em 20% do PIB), a corrupção pública e privada grassa. Em fevereiro de 2010, a Grécia é submetida a uma estrita vigilância orçamental por parte da Comissão Europeia, o Conselho de ministros do euro impõe um prazo curto para que a Grécia se conforme com um plano severo de austeridade. O governo socialista de George Papandreou tomou medidas drásticas e arrojadas para reduzir o peso das despesas públicas e aumentar as receitas, reduzir o défice em quatro pontos percentuais em 2010, acalmar os credores internacionais e as manobras especulativas e tentar, ao mesmo tempo, conter as expressões mais depressivas da crise económica e, paradoxalmente, contornar as sequelas sociais (a taxa de desemprego é de 10%, a do subemprego jovem anda pelos 20%), mas as repercussões sobre a população são inevitáveis: a Grécia mergulha numa onda de greves e de manifestações. A questão era saber se a Grécia conseguiria resolver sozinha os seus problemas ou se necessitaria imperativamente de apoio internacional (FMI), desaconselhável a vários níveis, ou de medidas de suporte e de apoio europeias (empréstimos bilaterais concertados ou intervenção do BCE).

Os Chefes do Governo e de Estado, reunidos em Conselho Europeu a 11 de fevereiro de 2010, declaram disponibilidade para contribuir para a melhoria da situação financeira da Grécia. Mas incitaram o governo deste país a reduzir, no ano em curso, o défice orçamental em 4 pontos percentuais e recomendaram a todos os membros participantes na área do euro a conduzirem políticas consentâneas com a respetiva estabilidade económica e financeira. Apesar de, na referida declaração, recomendarem ao Conselho e à Comissão o envidamento de esforços contributivos para melhorar as finanças gregas e para potenciar o desempenho económico da UE, no seu conjunto, com a definição de uma estratégia para o crescimento e o emprego, os líderes máximos dos Estados-membros não caucionaram medidas concretas e imediatas que induzissem à acalmia dos mercados financeiros e do frenesim da comunicação social. O BCE – dizia-se – não parecia simpatizar com uma eventual ajuda do FMI, que colocaria o euro sob a gestão de "um comissário externo". Entidades financeiras alemãs temiam, por sua vez, riscos que poderiam pender sobre a banca alemã devido à exposição que tinham com os países europeus em situação mais crítica (Grécia, Espanha, Portugal).

Incapaz de se refinanciar nos mercados, a Grécia está à beira da bancarrota, com consequências evidentemente dramáticas. A comunicação social fez eco de um suposto esquema de apoio de emergência ao Estado grego, para pôr em ordem as suas finanças, perante o risco iminente de incumprimento das suas obrigações para com os credores. Contudo, a chanceler alemã Ângela Merkel demarcou-se de uma solução europeia para fazer face às dificuldades cumulativas da Grécia, deixando arrastar uma indefinição que pairou durante sucessivas semanas. Tal passividade não favoreceu as expectativas desejadas para a moderação dos encargos sobre os empréstimos contraídos nos mercados financeiros internacionais por aquele Estado balcânico e tornou periclitante também a posição de outros países da zona euro em situação orçamental mais frágil. Na cimeira do Conselho Europeu de finais de março foi esboçada a via para uma possível solução, que passaria, em caso de estrita necessidade, por empréstimos bilaterais dos parceiros da zona euro, tendo como base proporcional a comparticipação respetiva no capital do BCE, acrescidos do recurso ao FMI, como era pretendido pela Alemanha.

A ser assim... – escrevia o autor deste estudo naqueles idos de finais de inverno de 2010[1] – configuraria um compromisso europeu mínimo, de solidariedade e de conveniência discutíveis, que não deixaria certamente de ter reflexos negativos a vários níveis nas expectativas dos povos e dos Estados que desejassem mais e melhor Europa, sobretudo em situações de imperativa necessidade; e teria certamente consequências nefastas noutros Estados da zona euro, com repercussões mais drásticas em países periféricos (Grécia, Portugal, Espanha e Irlanda) menos posicionados para o gozo de benefícios acrescidos que resultam para as economias de centralidade, fragilizados à partida por algumas debilidades estruturais e já de si mais afetados pela conjuntura de crise internacional vinda do exterior, espoletada pela bolha imobiliária norte-americana. Foi, pois, assim, o que aconteceu, e, bem pior do que era suspeitável, numa dimensão de contornos apocalípticos ocasionais, que as previsões mais pessimistas dificilmente poderiam imaginar.

Com efeito, a 11 de abril de 2010 o Eurogrupo acordou, tardia e precariamente, uma assistência financeira à Grécia por via de empréstimos bilaterais dos estados-membros, complementados por uma contribuição do FMI, no valor total de 110 mil milhões de euros, com juros elevados e sob caução de cumprimento de um rigoroso plano de austeridade, dito de reformas, para saneamento das finanças públicas gregas. Mas não foi suficiente para acalmar os mercados: as agências de notação continuam a fustigar inexoravelmente a Grécia e, sob efeito dominó, atacam outros países como Portugal, Irlanda e Espanha, com a degradação classificativa dos riscos das dívidas soberanas destes Estados participantes na área do euro, cujas taxas de financiamento nos mercados financeiros, receosos ou especulativos, se aproximam, por sua vez, de valores incomportáveis.

---

[1] António Martins da Silva, *História da Unificação Europeia: a integração europeia (1945-2010)*. Coimbra: Imprensa da Universidade, 2010, p. 320.

b) ... E, desde logo, o senhor que se segue

É, pois, neste contexto de contágio, em que cada Estado atingido procura demarcar-se, por alegada diferença virtuosa, da negligente Grécia, que outros Estados da zona euro viram endurecidas as condições de financiamento no mercado. A seguir àquele país, postavam-se, na linha da frente, a Irlanda e Portugal, mas outros parceiros, Espanha, Itália, e, mais tarde, Chipre, confrontavam-se com o mesmo destino: em comum aproximava-os a deterioração das respetivas finanças públicas e/ou do sistema bancário. Apesar da especificidade e heterogeneidade das situações individuais – na natureza, nos montantes e ritmos de endividamento, no comportamento económico e no desemprego –, eram afetados todos pela dificuldade efetiva ou potencial de acesso aos mercados. A Grécia, caso mais grave, estava confrontada com um problema de liquidez e de solvabilidade: o laxismo orçamental era crónico e a dívida pública atingira níveis insustentáveis, com taxas de financiamento nos mercados à volta de 12% (quatro vezes mais do que na Alemanha); a economia estava muito dependente do mercado interno, tendo como suporte importante o turismo, prejudicado gravemente pela austeridade resultante da crise. A Irlanda, que, contrariamente, tinha as finanças públicas controladas, antes da crise (25% do PIB em 2007), entra em recessão em virtude do endividamento privado, precipitado pela crise imobiliária que afeta rudemente o sector bancário e obriga o Estado irlandês a absorver o passivo dos bancos, tornado em dívida pública; como consequência, o défice orçamental sobe para 17,7%, em 2010, e a dívida soberana aumenta, nesse ano, para mais do triplo. Portugal, por sua vez, que não conhece, à partida, uma bolha imobiliária expressiva nem colapsos relevantes no sector bancário, apesar de ter nacionalizado o banco privado mais afetado (BPN), está confrontado com uma debilidade estrutural da sua economia, com uma taxa de crescimento muito fraca (1%), na década de 2000-2010, sérios problemas de competitividade e um sector exportador de fraco valor acrescentado, vendo assim aumentar a sua dívida pública de 62% para 83% do PIB, entre 2007 e 2010, e agravar o seu défice orçamental para 9,4% neste último ano.

Para socorrer estes dois países, em situação mais premente, e para prevenir o contágio a outros que pudessem resvalar para situações de indisponibilidade dos mercados, a Comissão e os estados-membros da área do euro decidiram, ainda no rescaldo do apoio bilateral à Grécia, criar, a 11 de maio (2010), dois mecanismos temporários para socorrer países desta zona impedidos de se financiarem nos mercados dos títulos das dívidas soberanas, por falta de compradores ou por exigência de prémios de risco incomportáveis. Foram os designados Mecanismo Europeu de Estabilização Financeira (MEEF), com base no art.º 122.º do TFUE, e Fundo Europeu de Estabilidade Financeira (FEEF), que, em conjunto, garantiam valores até 500 mil milhões de euros, a que poderia acrescer um montante até 250 mil milhões de euros coberto pelo FMI, que assumiu contribuir com metade do valor da ajuda europeia em cada operação de socorro às dívidas soberanas; ou seja, um total nominal de 750 mil milhões de euros, embora o valor disponível fosse inferior.

Depois da Grécia, os dois estados-membros mais debilitados, referidos acima, pediram assistência financeira quando a dificuldade de financiamento nos mercados se tornou incomportável: a Irlanda pediu ajuda em novembro de 2010, e, meio ano depois (maio de 2011), seguiu-se Portugal. Aquele país, precipitado numa crise orçamental e recessiva, na sequência de problemas bancários, negociou com a Comissão, o BCE e o FMI (*Troika*, doravante troica) um programa de ajuda de 85 mil milhões de euros, com a contribuição também de três países nórdicos (Reino Unido, Dinamarca e Suécia), que tomaram a iniciativa de o apoiar com empréstimos bilaterais. A Portugal foi concedida uma assistência financeira de 78 mil milhões de euros, periodizada em três anos e repartida por partes iguais entre o MEEF, o FEEF e o FMI, com 26 mil milhões cada, ou seja, 2/3 provenientes de recursos europeus e 1/3 desta última organização; este valor é desembolsado por tranches durante a vigência do programa, sob caução do cumprimento faseado de um rigoroso plano de ajustamento orçamental e de execução de reformas, e sob apertado controlo de avaliações trimestrais por parte da troica.

A.1.2. Na Cimeira do G20 no outono de 2011: a Europa política "bate no fundo"

Apesar dos referidos mecanismos de apoio, ditos de "estabilidade", entretanto adotados, destinados sobretudo a socorrer de emergência, como se disse acima, estados-membros da zona euro com maiores dificuldades de acesso ao financiamento (empréstimos à Grécia, Irlanda e Portugal), nem por isso os mercados financeiros davam sinais de acalmia: a pressão especulativa estendia-se a outros Estados da zona euro – Itália, Espanha – países que, pela dimensão do seu PIB e pelo montante de potencial necessidade de financiamento, esvaziavam a disponibilidade bilateral de socorro e a capacidade multilateral daqueles dispositivos de estabilidade temporários (MEEF e FEEF), concebidos para economias de pequena escala, como era a dos Estados já intervencionados.

Ora, no outono de 2011, a situação agravara-se dramaticamente. A Grécia fora alvo de um segundo resgate, no valor de 172 mil milhões de euros, com perdão da sua dívida em cerca de metade do seu valor, já que os credores privados foram colocados perante a inevitabilidade de reinvestirem os seus títulos de dívida grega com um corte de 50%; entretanto, o primeiro ministro grego (Papandreou) decidira submeter o duro programa de assistência a referendo nacional, mas acabaria por retirá-lo por pressão dos parceiros europeus. A Espanha, cuja dívida pública era relativamente moderada – tendo subido de 36%

para 63% do PIB, mas, ainda assim, bem abaixo da média da zona euro (84%) –, acusava, contudo, fragilidades no mercado imobiliário (queda dos preços) e no sector bancário (suspeito de lixo tóxico em montante apreciável), e registava níveis gigantescos de desemprego (20%), particularmente na população jovem (40%). A Itália, por sua vez, ao contrário de outros parceiros, tinha um mercado imobiliário relativamente estável e não teve que ir em socorro dos seus bancos; detinha, porém, uma dívida pública cumulativa enorme ainda antes da crise (103% do PIB em 2007), registava uma contração significativa do seu PIB (5% em 2009) e veria ulteriormente os juros dos novos empréstimos subirem para valores próximos de 7% – limite de sustentabilidade que a impopularidade interna e externa do seu presidente do governo (Berlusconi) tornava mais periclitante.

Foi, pois, neste clima, de grave instabilidade, que se realizou, nos princípios de novembro (2011), a cimeira do G20 em Cannes (França), cuja agenda, justificada pela necessidade de coordenação de uma resposta abrangente para a crise, que favorecesse a recuperação da economia mundial, seria, contudo, dominada pelo descontrolo da zona euro. O presidente americano (Obama), acolitado pelo seu homólogo francês anfitrião (Sarcozy), pressionou a chanceler alemã (Merkel) a ser mais recetiva ao acréscimo substancial da capacidade de socorro dos meios de financiamento, para apoio aos Estados em situação gravosa, no quadro das alternativas que então se colocavam: reforço dos fundos dos mecanismos de estabilidade, compras de obrigações soberanas por parte do BCE, entre outras medidas, para ajudar, no caso vertente e imediato, a Itália. Este país – que detinha a quarta dívida soberana maior do mundo (cerca de 2 biliões de euros, à época, na casa dos 120% do PIB) –, colocado sob a mira de desconfiança e do pânico dos mercados investidores, era demasiado grande quer para ser salvo quer para deixar cair; em caso de falência italiana, a zona euro no seu conjunto ficava ameaçada de implosão, com consequências imprevisíveis para a economia mundial. Contudo, a chanceler, transtornada com a pressão dos seus pares, não cedeu, refratária à assunção de compromissos em domínios que respeitavam a competências orgânicas do ortodoxo Banco Central (*Bundesbank*) e do cioso Parlamento (*Bundestag*) alemães.

A situação era explosiva: a Grécia mergulhada no caos, a Itália à beira da bancarrota, sem credibilidade política e avessa à imposição de programas de austeridade, a Alemanha ora inflexível ora indecisa, os mercados financeiros em pânico, o contágio a grassar, e a tempestade a atingir ou a ameaçar tudo e todos. Num fórum das 20 maiores economias do mundo, a maior de todas deu de si a imagem, bem pouco digna, de ser incapaz de resolver os seus próprios problemas; numa cimeira mundial com 19 chefes de governo e de Estado – entre os quais os dos quatro grandes Estados-membros da UE, além dela própria –, protagonizada pela América em espaço europeu, «a Europa bateu no fundo» – como se comentou a propósito. Mas terá sido também uma oportunidade para apressar algumas decisões.

A.1.3. 2012: o ano em que a Europa pareceu desabar...

A União Europeia endureceu rigidamente, em nome da responsabilidade dos estados-membros, os seus instrumentos de supervisão financeira e de controlo orçamental, nas vertentes preventiva e punitiva. No quadro normativo comunitário do Pacto de Estabilidade e Crescimento (PEC) foi aprovado, em finais de novembro de 2011, um pacote de seis medidas (*six pack*), complementado ulteriormente por mais duas (*two pack*); no plano intergovernamental, fora daquele quadro, os estados-membros, com exceção do RU e da República Checa, assinaram, poucos meses depois (inícios de março), o denominado *tratado orçamental*, medidas que se abordarão mais adiante. Todos os estados-membros, em particular os participantes na área do euro, foram inculcados a seguir comportamentos de contenção orçamental e/ ou, na linguagem formal das instituições, de reformas ditas estruturais, ou seja, de efetivas políticas de austeridade. Paralelamente, os estados-membros requerentes de assistência financeira foram submetidos ao cumprimento de rigorosos programas de saneamento financeiro ou de sustentabilidade das dívidas públicas, ditos de "memorando(s) de entendimento", negociados e fiscalizados pela já referida troica, a entidade representativa das três instituições (Comissão Europeia, BCE e FMI) envolvidas nos programas de resgate aos países excluídos dos mercados. Embora diferenciados caso a caso – conforme as medidas concretas negociadas com os credores e os compromissos, o zelo político e a sensibilidade ideológica assumidos pelos governantes –, os ditos programas de ajustamento traduziram-se, em geral, com maior ou menor incidência, por aumento de impostos diretos (IRS, sobretudo) e indiretos (IVA, produtos petrolíferos, veículos, património e outros), reduções dos salários, em particular dos funcionários públicos, das pensões e das prestações sociais, aumento da idade das reformas, flexibilização do mercado de trabalho, congelamento dos salários e das progressões nas administrações públicas, privatização de empresas públicas.

A severidade dos programas de disciplina orçamental que pendeu sobre os países necessitados de apoio financeiro – assente na austeridade e inibidora do crescimento, considerada por muitos como recessiva, viciosa ou contraproducente – desencadeia repercussões sociais gigantescas, muito desigualmente repartidas. Contudo, apesar das sucessivas medidas normativas e dos instrumentos de assistência financeira entretanto implementados, ou por causa de umas e de outros, a situação financeira e especulativa não dá tréguas. Além dos países excluídos dos mercados financeiros (Grécia, Irlanda, Portugal), adensa-se a ameaça de outros poderem resvalarem pelo mesmo precipício, por efeito de contágio inestancável. Na onda devastadora do tsunami, quem é o senhor que se segue? A Espanha, a Itália, a Bélgica, a França...? A dança demoníaca não para, a situação torna-se demasiado grave, a hecatombe deixa de ser uma hipótese dos média para se tornar uma verosimilhança política, o perigo de implosão do projeto europeu paira insidiosamente como espectro tremendo ou como inevitabilidade inexorável, conforme os entendimentos de uns ou os vaticínios de outros. Em meados de 2012, a maior parte dos estados-membros da UE encontrava-se em situação de défices excessivos e de dificuldades de acesso a empréstimos nos mercados financeiros, com maior ou menor exposição à desconfiança ou à cobiça especulativa destes, num jogo labiríntico de dependência e de impotência. A redução dos desequilíbrios, orçamentais e macroeconómicos, dos défices e das dívidas públicas centrava-se na atuação dos governos; as ameaças dos mercados, reais ou potenciais, pendiam sobre todos. Em nome da disciplina orçamental ou das reformas estruturais – sinónimos na linguagem política dominante –, a batuta da austeridade torna-se a palavra de ordem incontornável no discurso oficial, e os efeitos económicos negativos são imediatos: a folga de financiamento dos governos reduz-se, a riqueza disponível das nações comprime-se, o PIB decresce, o crescimento estagna.

A situação, contudo, é particularmente alarmante nos países com programas de austeridade supervisionados pela denominada troica, com repercussões já referidas acima, que implicaram, nomeadamente, além do aumento da carga fiscal, da redução salarial, de cortes em benefícios sociais e nos apoios à educação e à saúde, alterações bruscas no mercado de trabalho (mobilidade laboral, flexibilidade das regras estabelecidas e embaratecimento salarial, facilitação dos despedimentos e redução das indemnizações devidas), entre outras medidas ajustadas a cada caso ou decorrentes das políticas governativas domésticas adotadas. As consequências sociais assumem proporções gigantescas: taxas de desemprego galopantes, índices de subemprego jovem inéditos, aumento gritante da pobreza, exaustão da capacidade assistencial solidária, entre outros múltiplos efeitos restritivos nas condições da saúde, da educação, da solidariedade social, do parque habitacional, dos transportes públicos; a sociedade empobrece, o modelo social, tido como adquirido, desmorona-se a olhos vistos, o fosso das coesões (económica, social, regional e entre Estados) alarga-se, as clivagens, os egoísmos, as desigualdades, a injustiça e a ausência de ética acentuam-se, os sentimentos de revolta e de desespero, contidos e surdos, acumulam-se em níveis paroxísticos. Por sua vez, as repercussões na economia real são inevitáveis e devastadoras, com a redução drástica da procura, a indisponibilidade ou o agravamento dos juros nos empréstimos dos bancos às empresas, as falências, os despedimentos, os salários em atraso, as prestações sociais não entregues e os impostos não pagos. Como corolário, as receitas públicas contraem-se, os orçamentos deprimem-se – e a austeridade reforça-se, num círculo vicioso infernal, de depressão profunda e extensiva. Responsabilidade e pretensa solidariedade rimam com austeridade e recessão. Onde está o crescimento?

O crescimento não foi pensado com medidas adequadas e convergentes: viria por acréscimo ou por efeito de engrenagem da disciplina e da consolidação orçamentais – ouviu-se insistentemente. Mas não estava a acontecer: nos países intervencionados, as expressões recessivas cumulativas são evidentes; nos outros, os sinais, os indicadores ou os números desfavoráveis são inconfundíveis. Muito cedo, alguns especialistas alertaram para a inevitabilidade da recessão económica se políticas de austeridade deste jaez, sem mais, fossem prosseguidas; posicionamentos institucionais ao nível europeu expressaram-se no mesmo sentido, com destaque para os apelos insistentes dos eurodeputados; entidades internacionais, no quadro da OCDE (Ángel Gurría) ou no seio mesmo do insuspeito FMI (Christine Lagarde) – parte envolvida na solução, tornada problema –, e responsáveis europeus (Mario Draghi/BCE, Martin Schulz/PE) convergem no mesmo sentido; figuras políticas relevantes e doze primeiros-ministros de estados-membros tomam posição, não necessariamente pelas mesmas razões, contra a austeridade recessiva («A carta dos doze contra Merkozy», *El Mundo*, 21/2/2012); o candidato socialista à presidência da república francesa (François Hollande), à frente nas sondagens, diz que, se for eleito, reivindicará a alteração do tratado orçamental (TECG); o seu opositor, o então presidente Sarkozy, condescende e fala num pacto (orçamental) «com alma», demarcando-se, em campanha eleitoral, da sua "partenaire" alemã (Merkel), que não apareceu mais em apoio do seu favorito; na Holanda, apoiante esmerada do mando disciplinador alemão – num país que «[não] fica nas margens do Mediterrâneo», mas no virtuoso Norte, «onde se concentram os países bons e estáveis [...] como nós» (como se escreve no hamburgês *Die Zeit* , 26/4/2012) – a crise do euro ataca, e o governo de coligação cai, por força da austeridade que um dos parceiros não subscreve. Por toda a parte, insiste o prestigiado semanário alemão, «Holanda, França, Banco Central Europeu, etc., a Europa revolta-se contra as medidas de austeridade prescritas pela Alemanha». Mas a Germânia da chanceler Merkel – «Über alles, mas simpática» (*The Guardian*, 15/3/2011) – insiste e persiste, ouvidos moucos e sobranceiros; e as reações contra o paradigma e o "diktat" de rigor teutónicos multiplicam-se e redobram de tom, a julgar pelas declarações crescentes e pelos títulos noticiosos da imprensa europeia, incluindo a alemã: «Salvem o euro – livrem-se da Alemanha» (*The Times*, 27/1/2012), «Angela Merkel ultrapassa os limites» (*Der Tagesspiegel*, 31/1/12), «A Europa fala alemão» (*Berliner Zeitung*, 22/11/2011), «Uma UE "made in Germany" [...], um governo económico "à la Merkel"» (*Die Zeit*, 3/2/2011). «Como se diz "basta" em alemão?» (*El País*, 26/4/2012).

Assim era o alarido da feira, por aquela primavera de 2012, a ajuizar pelos ecos dos média europeus, sendo difícil ver claro nessa opacidade de dias bacentos e encrespados, em que as notícias e os alarmes se sucediam a um ritmo frenético e alucinante. Contudo, algo iria acontecer, para suavizar a atmosfera pesada desse período.

A.1.4. No pico paroxístico da crise da zona euro, um sinal de viragem: «O BCE fará tudo para salvar o euro»

Em meados de 2012, a zona euro estava, pois, à beira da implosão. A austeridade em doses maciças, com o único fito de tapar a todo o custo o buraco orçamental, tornar alegadamente sustentável a dívida, mas garantir sobretudo o reembolso dos credores, revelava-se contraproducente e perversa, abrindo brechas em todas as frentes. Na Grécia a situação precipitou-se: o governo do Pasock de Geórgios Papandreou não resistiu, em inícios de novembro de 2011, à pretensão de sujeitar a referendo o programa de austeridade baseado em fortes restrições sociais e privatizações, negociado com a troica aquando do segundo resgate. O executivo subsequente, de Lucas Papademos, tecnocrata ou de unidade nacional, não sufragado, desapareceria com as eleições legislativas antecipadas, a 6 de maio de 2012: os resultados castigaram duramente os dois desgastados partidos tradicionais do centro político (democrata-cristão e socialista) – que durante décadas sucessivas tinham disputado o poder, com mais de 80% dos votos até 2009, e agora não tinham chegado aos 35%; e premiaram os partidos dos extremos antiausteridade (esquerda radical e extrema-direita), favorecendo sobretudo à esquerda a coligação Syrisa, dirigida por Alexis Tsipras. Ora, a impossibilidade de entendimento para a formação de governo originou uma crise política, que forçou a realização de novas eleições, intercaladas por um executivo interino, recolocando a questão da saída da Grécia da zona euro, após dois empréstimos e a reestruturação da dívida, considerada insolvente.

Uma tão crítica situação grega incitava ao contágio a outros países vulneráveis, além dos dois já intervencionados, numa reação em cadeia em que a Espanha estaria na mira. Com efeito, o maior país ibérico, cuja dívida pública é inferior à média da zona euro, está, contudo, confrontado com uma bolha imobiliária, e a banca espanhola começa a ser fortemente penalizada na capitalização bolsista, nos primeiros meses de 2012 (perde, conforme noticiado, 23 mil milhões de euros nos 4 primeiros meses). O resto do filme desenrola-se num ápice: as agências de notação – esses oráculos lúgubres dos mercados – fustigam os bancos do país, descendo as notas de risco, os clientes levantam os seus depósitos, os capitais escoam-se

(100 mil milhões de euros nos primeiros meses do ano, noticia-se). O governo procura tranquilizar os depositantes garantindo a solvência bancária, mas acaba por intervir injetando dinheiro. Um dos maiores bancos espanhóis (Bankia), a terceira maior entidade financeira em ativos e a mais exposta à bolha imobiliária do país, não resiste à turbulência: com classificações de risco degradadas, os mercados de ações e de obrigações em queda, os investidores em pânico e os depositantes em polvorosa (mais de mil milhões levantados em poucos dias em meados de maio), o governo diz que o banco é solvente, embora necessite de mais de 23 mil milhões de euros para o seu saneamento, prepara planos de auxílio, insufla milhares de milhões de euros, nacionaliza prejuízos, controla a gestão; e a saga prossegue inexorável o seu curso demolidor, alastrando-se à banca em geral e penalizando o financiamento do Estado no mercado com o agravamento galopante e inédito das taxas de juro dos títulos da dívida pública espanhola (perto da barreira insustentável dos 7%, em finais de maio). O governo (com os acólitos de circunstância) faz o papel costumeiro: a Espanha virtuosa não é a Grécia nem Portugal, não precisa de resgate nem de ajuda, tem capacidade própria para salvar os seus bancos necessitados, é preciso é calma, o contágio é estúpido e injustificável..., mas o pânico com que reage não consegue disfarçar a pretensa serenidade que aparenta, perante a enorme pressão e o nervosismo dos mercados; e, por fim, depois de insistentemente ter recusado um programa de resgate a nível europeu, o presidente do governo, Mariano Rajoy, do Partido Popular (democrata-cristão), pede formalmente ajuda financeira aos parceiros da zona euro para recapitalização da banca espanhola. O plano de empréstimo concedido poderia ir até 100 mil milhões de euros, supervisionado pela troica institucional (FMI, BCE, Comissão Europeia) e a ser disponibilizado por fases, por via do FEEF, até que este fundo provisório fosse substituído pelo mecanismo permanente, o denominado Mecanismo Europeu de Estabilidade (MEE), quando

estivesse disponível (assinado em fevereiro de 2012, entraria em vigor em outubro subsequente). O executivo espanhol decidira, entretanto, um plano de medidas de austeridade (redução do subsídio de desemprego e corte do subsídio de Natal dos funcionários públicos, subida do IVA), mas conseguiu que, ao contrário do sucedido nos países já intervencionados, o Estado espanhol não ficasse sujeito a um programa de assistência ou de condicionalidade estrita (o malfadado e humilhante "memorando de entendimento").

Ora, a crise bancária e financeira espanhola atira a quarta maior economia do euro para o centro do furacão das dívidas soberanas. O alarme torna-se global e preocupa a economia mundial, o que motiva, em inícios de junho, uma reunião de emergência dos ministros do G7 (principais economias mundiais) preocupados com a turbulência da zona euro, cujas expressões agudas se tornam demasiado ameaçadoras: a situação política grega, à beira da ingovernabilidade e de uma presumível saída da moeda única ("Grexit"); a notória insuficiência dos meios de socorro europeus, em face da crise de uma grande economia como a da Espanha, a que, naturalmente, se seguiria a da Itália, fortemente afetada por juros altos. Chegados aqui, e de caminho, o alastramento descontrolado atingiria a própria França, com uma dívida pública apreciável e um pesado Estado social, e, potencialmente, outros países do núcleo duro europeu cujas economias davam sinais de crescimento anémico, ameaçados já de uma possível descida da nota de risco das classificações de triplo A de que têm beneficiado. Nesta situação descontrolada, não escapariam a Alemanha e o próprio fundo de resgate do euro (FEEF), tornando presumivelmente irreversível o desenlace da tragédia numa Europa sem euro; e em catadupa, num redemoinho apocalíptico, num mundo sem Europa, engolfada, quiçá, na brutalidade da desordem e a acabar precipitada na sua irremissível e definitiva inexistência.

Apesar da garantia do resgate europeu à banca de Espanha, entretanto oficializado, os juros da dívida pública deste país não davam tréguas: no leilão colocado a 19 de julho, os títulos soberanos, de maior prazo, além de procura insuficiente, foram negociados a taxas altas em todas as maturidades, com os de maior prazo (10 anos) a mais de 7%; e a pressão especulativa não deixou de intensificar-se nos dias subsequentes, aproximando-se rapidamente da fasquia insustentável dos 8%, em 26 de julho.

> «Chegou a hora da verdade – escrevia-se, citando testemunhos credenciados, no prestigiado diário espanhol *El País*, a 23 de maio, dia da reunião dos líderes da zona euro – [...] A Europa pode levantar o pé do travão da austeridade; o Banco Central Europeu (BCE) tem uma enorme capacidade de manobra [...]. Todos os caminhos levam a Berlim e Frankfurt [...], "qualquer solução consiste em mais Europa" [...]. A curto prazo, a solução passa pelo BCE».

Contudo, do lado de Berlim, não sopram bons ventos: a chanceler tem recusado todas as propostas que apontam para mais Europa; austeridade e disciplina são a sua inflexível prescrição medicamentosa. «Porque é que a Alemanha trata a Zona Euro como se fosse uma filial?» – protesta vigorosamente o presidente do Eurogrupo (Jean-Claude Juncker), com a autoridade que lhe assiste, considerando ter-se chegado a um ponto limite da crise da dívida europeia: se não se atuar de imediato para salvar a moeda única, adverte, «o mundo questiona se haverá Zona Euro daqui a uns meses»; e critica a irresponsabilidade de políticos, apontando o dedo para a Alemanha, que defendem a saída da Grécia da zona euro – que «não resolveria a crise [...] e traria consequências graves» –, e/ou que vituperam o presidente o BCE pela compra, alegadamente abusiva, de dívida pública de estados-membros em situação periclitante.

Se a solução não vem da Alemanha, que pontifica nas instâncias europeias que representam os estados-membros (Conselho Europeu, Conselho/Ecofin e Eurogrupo), haveria expectativa credível pelo lado da instituição europeia de Frankfurt responsável pela gestão da moeda única? Estaria, na verdade, a solução no BCE, que, desde o início da crise, mostrou, com pragmatismo, ser capaz de tomar medidas não convencionais, num quadro flexível das suas competências, apesar da discordância e do protesto dos interlocutores alemães no Eurossistema? É, pois, neste contexto – onde já ninguém está a salvo, e as sucessivas cimeiras europeias da zona euro só «fazem remendos de canalização, quando toda a tubagem devia ser revista» (*Le Monde*, apud *Presseurop/Voxeurop*, de 28 de junho de 2012) – que o governador do BCE, Mario Draghi, disse, a 26 de julho, numa conferência de investidores em Londres, tão-só isto: «Durante o nosso mandato, o BCE está preparado para fazer o que for necessário para preservar o euro, e acreditem que tal será suficiente». Palavras benditas e mágicas, lacónicas e certeiras, para contrariar a vertigem especulativa e esquizofrénica dos mercados financeiros. Com este bálsamo declarativo, os efeitos positivos são imediatos: as bolsas reagem em alta, com ganhos fortes em todas as praças europeias, as taxas de juro das dívidas soberanas descem de imediato (para menos de 7% em Espanha e menos 6 %, na Itália).

Contudo, se, em geral, a imprensa europeia do Sul (*El País*, Madrid, *Corriere della Sera*, Milão) saudou esta declaração de intenções de Draghi, lamentando o seu atraso ou interrogando-se sobre a natureza ou o alcance das possíveis medidas concretas intencionadas pelo banco central, já a comunicação social alemã, como era expectável, se mostrou cética, menos entusiasta ou mais crítica quanto à eficácia das pretensões do governador do BCE. Insistiu nos argumentos dominantes no espaço germânico em torno do denominado risco moral e/ou da dicotomia entre a alegada virtuosa formiga do norte versus preguiçosa cigarra do sul; ou seja, da possibilidade de uma Europa das reformas e de uma moeda estável ser substituída por uma «instituição organizadora de uma vasta redistribuição a partir do Norte da Europa» (*Die Welt*, Berlim), que não resolveria problema nenhum, porque «nos Estados em crise, após ter extinto o fogo, isso provavelmente vai acabar, a breve trecho, com a vontade de empreender reformas» (*Süddeutsche Zeitung*, Munique). Ao nível oficial alemão, contudo, o posicionamento do governo – presumivelmente alarmado com a gravidade da situação – foi de apoio tácito; logo a seguir, a porta-voz da chanceler declarou: «O presidente do BCE disse que o BCE fará tudo o que for necessário para manter o euro, e o Governo alemão fará tudo o que for politicamente requerido para manter o euro». Todavia, nos dias subsequentes, relativizaria, cautelosamente, este «tudo»: «Tudo significa tudo o que está autorizado»; e foi confirmando, por si ou por interpostos interlocutores, a rejeição de alternativas que estavam na ordem do dia do debate, apontadas para salvar ou aliviar as dívidas soberanas. Entre essas alternativas desaprovadas contavam-se: a emissão de euro-obrigações (*eurobonds*) ou a atribuição de uma licença ao fundo de resgate do euro (MEE) para se financiar, com empréstimos, junto do BCE (com recursos ilimitados) para ajudar países em dificuldades; ou ainda quaisquer mecanismos ou instrumentos que configurassem, na ótica germânica, a compra de dívida pública por parte do BCE, porque – replicam os corifeus da proximidade política do(s) (partido(s) governo – «se retirarmos a pressão que pende sobre os países individuais, retiramos também a pressão no sentido das reformas», e «não queremos enveredar por uma união de inflação», mas sim por uma «união de estabilidade» (*apud RTP Notícias*, 1 ago. 2012).

«Tudo o que for necessário» foi, pois, por ora, a expressão salvífica que teve um resultado calmante nos mercados; mas se, no imediato, a intenção anímica do governador gerou expectativas favoráveis, haveria que consolidá-la com mediadas concretas capazes de produzir um efeito amortecedor sobre as dívidas soberanas mais críticas. Foi o que aconteceu quando o BCE aprovou, em agosto subsequente, com o voto contra isolado do representante do banco central alemão, um programa de compra de títulos de dívida soberana, no mercado secundário, designado de OMT (sigla inglesa de *Transações Monetárias Definitivas*). Para dele beneficiar, obrigam-se os Estados interessados a acordarem a um programa de ajustamento, de estrita condicionalidade, no quadro do fundo de resgate permanente para a zona euro (MEE), em vias de ser ativado após ratificação por todos os estados-membros. Ora, os dois Estados que estavam na linha da frente para beneficiarem do referido dispositivo do BCE – a Espanha e a Itália – não viriam de facto a ser obrigados a programas de ajustamento, tais como os que sujeitaram os três países periféricos já intervencionados (Grécia, Irlanda e Portugal), porque a persuasão de um tal instrumento foi suficiente para a acalmia dos mercados.

Não seria, contudo, a última das atuações não convencionais do BCE – o grande ator institucional que faz a diferença –, que tem sido impelido a intervir a jusante, ao longo da crise, para salvar o euro: outras, que se referirão mais adiante, se sucederiam, por força das coisas ou, dito de outro modo, por míngua das soluções a montante – as da política –, que extravasam o território de competência da entidade monetária central.

A.2. Uma trégua aparente na crise das dívidas soberanas (2013-2014). O pior já lá vai?

Se a atuação do BCE no verão de 2012 não pôs fim, de todo, à pressão especulativa sobre as dívidas soberanas da zona euro, sua-vizou-a nos dois anos subsequentes, permitindo aos Estados com dificuldades algum alívio respiratório, não só à Espanha e à Itália, mas também a países sujeitos a programas de assistência financeira da troica, casos de Irlanda e de Portugal, que puderam regressar aos mercados em condições aceitáveis. Com efeito, um ano depois da declaração de Draghi de "fazer tudo para salvar o euro", os juros das obrigações soberanas recuaram, em geral, para metade, os juros de referência a 10 anos da Espanha passaram dos 8% para pouco menos de 4% e os de Portugal de 11,5% para pouco mais de 4% – sem que, entretanto, fosse necessário, como se disse acima, pôr em prática o referido dispositivo do BCE, de compra de títulos de dívida pública no mercado secundário (OMT).

Contudo, a situação estava bem longe de tender para a estabilização.

A.2.1. A crise financeira cipriota

Com efeito, a pequena ilha mediterrânica de Chipre, com pouco mais de um milhão de habitantes, que aderiu à UE em 2004 e, quatro anos depois, adotou a moeda única, iria protagonizar mais um momento crítico da zona euro. Com uma banca muito exposta à dívida helénica, sofre por ricochete, vê degradada a sua classificação por parte das agências de notação, desde 2011. O governo decide medidas de austeridade para reduzir o défice, o que provoca uma crise política; recusa, primeiro, apesar da pressão, pedir ajuda financeira à UE para não se submeter à vexatória supervisão da troica – tão mal-amada pelas populações dos três países já intervencionados; tenta, alternativamente, obter empréstimos da China e da Rússia, sem sucesso, porque, entre as dificuldades surgidas, regista-se o facto de as taxas de juro pedidas (4%) serem o dobro das propostas pela Europa (2%). Com uma economia muito dependente do setor bancário – representa oito vezes o peso total da economia do país –, e com uma dívida pública a crescer, pede formalmente assistência finan-ceira a 25 de junho, num valor que ascende a 17 mil milhões de euros – o equivalente à riqueza anual produzida no país. Destinava-se este empréstimo a financiar o Estado e a recapitalizar os bancos, fustigados pela crise grega, na expectativa de que, tal como se estava a proceder em relação à Espanha, pudesse ficar livre das "visitas" da famigerada troica institucional e das duras condições a que obriga. Ora, um empréstimo à banca de Chipre, que, só para ela, necessitava de 10 mil milhões de euros – um montante que, sendo elevado em relação ao PIB cipriota, era quase inexpressivo em valor absoluto (oito vezes menos do que o valor do resgate a Portugal e quase irrelevante face ao empréstimo acumulado da Grécia) – não se configurava, mesmo assim, de fácil decisão para os parceiros europeus. Chipre era considerado como um paraíso fiscal para oligarcas russos e um local de branqueamento de dinheiro para empresários duvidosos, que pagavam impostos mínimos (10%), pelo que se receava que fossem estes, e não a economia produtiva cipriota, a beneficiarem de um potencial resgate da zona euro à custa dos contribuintes europeus. Todavia, não emprestar a este país, à beira da falência – muito afetado pela crise da Grécia, em cujos títulos de dívida pública, muito depreciados, tinha investido fortemente, e pela recessão subsequente, que prejudicou imenso as estreitas relações comerciais greco-cipriotas –, não era tão-pouco solução defensável.

Finalmente, após muita hesitação, resistência e arrastamento negocial, o Eurogrupo decidiu, em 16 de março de 2013, um plano de resgate a Chipre, para saneamento da banca, no valor 10 mil milhões de euros, em condições tão inesperadas e aberrantes que deixaram estupefatos não só os cipriotas como os europeus e estão na origem de uma nova crise aguda da zona euro. Com efeito, contrariando compromissos europeus, de garantia dos depósitos apenas até 100 mil euros, os ministros de economia e finanças da zona euro impunham condições, para disponibilizar aquele montante (a ser suportado pelo MEE no valor de 9 mil milhões e pelo FMI no montante de 1 mil milhões), dificilmente exequíveis: incluíam, entre reformas ditas "estruturais" e privatizações, um aumento dos impostos sobre as empresas até 12,5% e, sobretudo, a taxação em 9,9% sobre o capital dos depósitos bancários acima de 100 mil euros e de 6,7% abaixo deste valor – cujo produto serviria para cobrir o restante (7 mil milhões) das necessidades de financiamento de Chipre. Os riscos de uma tal condicionalidade – nomeadamente a taxação no valor dos depósitos e em particular no das pequenas poupanças – eram evidentes, surpreendendo que os negociadores europeus da zona euro, na ligeireza da sua decisão, os tenham subestimado: acarretaram uma inevitável maciça fuga de capitais de Chipre – o que conduziu, desse logo, ao encerramento dos bancos; disseminaram, de imediato, o contágio a outros países mais vulneráveis, ao atemorizar os depositantes por uma presumível decisão idêntica; e desencadearam uma expressiva reação negativa dos media e uma onda de protestos da população cipriota.

Na sequência, o plano de assistência a Chipre, rejeitado pelo respetivo parlamento, seria alterado algumas semanas após: no memorando de entendimento ulteriormente renegociado, ficaram salvaguardados os depósitos abaixo de 100 mil euros, mas foi aumentado o imposto sobre as empresas, para além, incontornavelmente, da receita do costume (abaixamento dos salários da função pública, privatização de fundos de pensões); impuseram-se limites nos levantamentos (dos depósitos) e restrições ao uso de cartões de crédito e de débito, entre outras. A solução encontrada, que obriga acionistas, credores e grandes depositantes dos principais bancos a contribuírem para o resgate dos bancos, ao arrepio de tudo o que se decidira até então, foi defendida por alguns responsáveis políticos (nomeadamente, por Schäuble, ministro das Finanças da Alemanha) como devendo ser um modelo para o futuro, quando uma instituição financeira entrasse em processo de bancarrota, para evitar que as perdas ficassem a cargo dos contribuintes em geral. Foi o que aconteceu, mais proximamente, no verão de 2014, com o caso BES, banco português falido, cuja solução, influenciada pela adotada para a banca de Chipre, penalizou os grandes acionistas, mas beneficiou também da aplicação de novos dispositivos introduzidos no quadro das medidas tendentes à união bancária europeia.

Concluindo, Chipre seria assim o quinto país a ser intervencionado, em março-abril de 2013, e a sua crise do sistema bancário conduziu de novo a zona euro a alguma turbulência, agudizada pela imprevidência da primeira solução encontrada por parte dos atores envolvidos – o governo cipriota e as entidades institucionais (Eurogrupo,

Comissão, BCE e FMI) –, que penalizava todos os depositantes dos bancos cipriotas, independentemente do montante individual e da sanidade ou da solvência do banco. A solução finalmente adotada incidiria apenas nos depósitos superiores a 100 mil euros dos bancos em situação de falência, os dois maiores, no caso vertente – solução que, sendo mais razoável, rompe, de qualquer modo, com o paradigma até então aplicado e protagonizado pela troica (na Irlanda, na Grécia e, mais tarde na Espanha), que foi a de poupar todos os credores.

A.2.2. Acalmia nos mercados financeiros

Afora este incidente mais crítico, que poderia ter sido evitado se houvesse a ponderação desejável que, na crise do euro, tanto faltou na forma pouco avisada de atuação da instância europeia informal dos ministros das finanças da zona euro (Eurogrupo), o período de 2013-2014 foi, em geral, relativamente mais calmo, apesar de alguns episódios ocasionais de instabilidade acrescida (caso BES em Portugal). As agências de notação, que foram alvo de críticas e de alguns reveses, mantiveram-se mais contidas, os juros das obrigações dos Estados assistidos registaram uma evolução mais favorável, que permitiu o regresso cauteloso, mas crescente, aos mercados. Irlanda e Portugal, concluído o financiamento dos respetivos programas de assistência, conseguiram uma saída "limpa", dispensando qualquer "programa cautelar", ou seja, não tiveram necessidade de empréstimo institucional complementar, apesar de permanecerem sob "vigilância reforçada" da Comissão após a saída da troica; com financiamento mais favorável, tomaram iniciativas de antecipar o reembolso de parcelas da fatia do empréstimo relativa ao FMI, cujos juros eram gravosos. Os programas de ajustamento dos países intervencionados iam sendo cumpridos, apesar da dureza das controversas condições impostas; alguns índices estatísticos circunstanciais indiciavam, no crescimento económico e no emprego, no comércio externo e no consumo das famílias, evoluções menos agressivas, geralmente empoladas pelos governos em exercício e desvalorizadas pelas oposições. O pior já lá vai?

A.2.3. Austeridade rima com recessão

Em boa verdade – apesar de alguma acalmia nos mercados financeiros e, por conseguinte, da reposição dos juros dos títulos públicos e do valor das ações em níveis mais toleráveis –, tornaram-se cada vez mais evidentes os sinais inconfundíveis de que a dose maciça de austeridade aplicada aos países periféricos não estava a resultar; e de que as precauções, no mesmo sentido, de práticas políticas de contenção orçamental e salarial noutros estados-membros melhor posicionados também não contribuíam para arrancar do marasmo os países mais debilitados. Crescia, pois, a convicção de que a estratégia da austeridade, só por si, sem incentivos ao crescimento, atingia o seu limite e falhava inexoravelmente; que os mesmos critérios de pactos comuns aplicados a todos os Estados, com economias diferenciadas e patamares de desenvolvimento muito desiguais, não produziam os efeitos desejáveis. O endividamento público nos países intervencionados – apesar da redução nominal dos défices orçamentais à custa de cortes nos benefícios sociais, nos rendimentos salariais e nas pensões, e de aumento de impostos –, em vez de regredir, agravava-se (em Portugal aproximava-se de 130% do PIB). A riqueza anual (PIB) descia para níveis intoleráveis, na Grécia reduzira-se em 25%. As condições sociais nos países mais dizimados degradavam-se ostensivamente; o desemprego atingia níveis alarmantes (mais de 12%, na UE27, na primavera de 2013), a pobreza intensificava-se, as condições de saúde deterioravam-se. Como combinar, pois, sustentabilidade orçamental com crescimento económico, sem o qual a economia definha e a austeridade torna-se viciosa?

Pelos meados de 2013 a zona euro precipitava-se na recessão mais longa desde que a moeda única fora criada. Os números divulgados pelo Eurostat eram iniludíveis: durante seis trimestres consecutivos a economia não deixou de recuar, o crescimento registava agora médias negativas no conjunto da UE, mais graves em Estados periféricos participantes do euro, a evoluírem desfavoravelmente noutros (França, Holanda e, mesmo, na Alemanha, apesar de ou por causa do seu excedente comercial elevado), mas em toda a Europa o abrandamento económico era uma evidência incontornável; contrariamente, fora de portas, em países com os quais deveria comparar-se, a economia cresce, como acontece nos EUA onde a taxa de crescimento é alta (2,5%) e a do desemprego é baixa (a menor dos últimos quatro anos). O governo alemão estava particularmente preocupado com a França, país que, na sua perspetiva, se não agisse com reformas económicas estruturais, poderia ser duramente atingido pela crise; e, nessa eventualidade, somando-se à situação da Itália e da Espanha, a sobrevivência da zona euro estaria comprometida. Reformas estruturais para todos, a mando da Alemanha – as quais, na linguagem do poder, significam políticas de austeridade ou de contenção nos gastos públicos e nos rendimentos salariais em prol da sustentabilidade financeira e da competitividade empresarial: "não há alternativa" (*TINA*, na gíria) – proclamam os arautos do pensamento único e os mandantes da única política.

Contudo, as opiniões públicas em geral tendem, neste crítico contexto, a responsabilizar a insistência nestas políticas pelo desastre económico em curso: "A zona euro afunda-se na recessão" (*El Correo*, Bilbau), "A zona euro bate um novo recorde de duração da recessão» (*Financial Times*, Londres), "A Europa está a sufocar" (*Gazeta Wyborcza*, Varsóvia) – são títulos, entre outros, que encimam, pelos meados de maio de 2013, a primeira página de um bom número dos periódicos europeus, um pouco por toda a parte. Responsabiliza-se a Alemanha pela recessão que se se instala na economia europeia e na zona euro em particular: «A Alemanha ameaça a estabilidade da zona euro» – diz-se por cá, na Europa, no tempo que corre (*apud VoxEurop*, 19 maio 2015); «Expulsemos a Alemanha da zona euro», recomenda-se por lá, no outro lado do Atlântico (*Foreign Policy*, 20/2/2015). A imprensa alemã, que proclamara em uníssono a receita da austeridade para curar a crise – «Não podemos deixar-nos intimidar [...] Chamem-nos nazis se isso vos faz felizes», insistia-se há algum tempo (*Die Zeit*, 3/2/2012) –, dava agora sinais crescentes de ser mais crítica em relação à receita teutónica: «A zona euro é claramente governada pela Alemanha [...], mas o Governo [alemão] e outros responsáveis políticos agem [...] como se estivessem a dirigir um pequeno país» – escreve-se na Alemanha, país que tarda em assumir o seu papel de potência europeia: «O papel da Alemanha na Europa: Será verdadeiramente o quarto Reich?» (*Der Spiegel*, 22 março 2015) — questiona-se mais prudentemente agora no conceituado semanário de Hamburgo.

Ora, o modo como a Alemanha tem gerido a crise do euro, a insistência em viciosas políticas de austeridade, a fórmula unipolar com que tem tratado a Europa, como se tudo e todos fossem a Alemanha, têm afetado a imagem dos europeus sobre este país vital para a existência da Europa: expande-se, pois, um sentimento de indignação contra a intolerância e o mando *boches*; expressa-se e avoluma-se um discurso germanófobo, à direita e à esquerda, um pouco por toda a parte, com consequências imprevisíveis se a Alemanha não arrepiar caminho e, tal como é percebido, se persistir em impor o seu modelo económico com políticas de austeridade, das quais é a principal beneficiária. Se a degradação económica e social persistir, conseguirá este país indispensável para as soluções da crise e vital para o futuro da construção europeia, inverter esta perigosa perceção negativa e estancar a animosidade crescente que lhe é endereçada?

A.2.4. Uma ameaça sinistra: o risco da deflação

Austeridade e recessão rimam agora com deflação: é a nova e sinistra ameaça a dar o mote, pelos finais de 2013, cujos avisos já vinham de trás, com a queda tendencial dos preços; apodera-se como um espectro da Europa, e da zona euro em particular, ao longo do ano de 2014, em especial no segundo semestre. Com efeito, apesar de algumas melhorias na confiança dos mercados e de sinais percetíveis de retoma gradual e moderada da economia da zona euro na primeira metade 2014, após a queda brutal do PIB no ano antecedente, as instituições internacionais (FMI, OCDE) alertam para os riscos sérios de a zona euro, em particular de países periféricos como Portugal, resvalar na armadilha da deflação. Recomendam, para a contrariar, políticas orçamentais mais expansionistas e medidas ousadas por parte do BCE (descidas de taxas de juro, que já se posicionavam no mínimo histórico de 0,25% em fevereiro de 2014, e a aplicação de instrumentos não convencionais) – recomendações que a instituição bancária europeia tem demonstrado não deixar por mãos alheias, utilizando dispositivos não ortodoxos sempre que necessário.

Com efeito, a variação dos preços aproximava-se cada vez mais de terreno negativo – taxa de inflação homóloga de -0,1% em março (Eurostat), para o conjunto da zona euro, mais ligeira do que no mês anterior, mas dando continuidade a uma variação negativa durante sucessivos meses, a distanciar-se continuadamente do valor confortável de 2% definido pelo BCE. Nalguns países da zona euro, sobretudo no espaço ibérico, a evolução tendencialmente deflacionária é, no verão de 2014, deveras preocupante: em Portugal, de acordo com a entidade estatística nacional (INE), a taxa atinge um valor de -0,9%, em julho, indiciando consolidar uma evolução em terreno negativo pelo sexto mês consecutivo, perenizando uma tendência de queda ao longo de um ano; na Espanha, embora de forma menos acentuada que no seu vizinho ibérico, o índice de preços do consumo (IPC) apresenta, em setembro, pelo 3º mês consecutivo, valores negativos, com registo idêntico de queda continuada dos preços no segundo semestre de 2014. As expectativas tornam-se, pois, muito pessimistas quanto à temporalidade da queda dos preços e à possibilidade de uma inversão mais favorável. Ou seja, a zona euro, e em particular alguns países mais vulneráveis como Portugal, correm riscos sérios «de entrar num período prolongado e persistente de estagnação económica», tal como alerta a OCDE no seu relatório semestral, em finais de 2014 (*Público*, 25/11/2014), na mesma linha de avisos do FMI, que recomenda, como aquela, à entidade monetária europeia medidas de estímulo mais agressivas. O BCE, evidentemente, não dorme, declara guerra à deflação, vai utilizando algumas das suas medidas instrumentais, mas reserva as mais ousadas para eventuais situações mais ofensivas, que não hesitará em tomar, como fará pouco depois com a menos convencional de todas as que já utilizara até agora – "a flexibilização quantitativa" (*quantitative easing*).

Concluindo, o ano de 2014 registou uma relativa acalmia das praças financeiras da zona euro, apesar de sinais preocupantes quanto à possibilidade do abismo da deflação e aos riscos de estagnação económica prolongada. Não podendo fazer tudo, e atuando, por vezes, no limite das suas competências, por omissão ou inação das instituições políticas europeias, o BCE, ativo e determinado com a presidência de Mario Draghi, conseguirá mesmo assim conter os fogos mais perigosos. Em princípios de 2015 irá avançar com mais uma medida financeira audaciosa, para, entre outras potencialidades calmantes nos mercados das dívidas soberanas, estabilizar a degradação crescente dos preços e inverter, subsequentemente, a trajetória deflacionária. Estava tudo assim – com a economia «apenas a descansar», entendem alguns, no «receio de uma nova recessão», temem muitos, em que a «Europa para e Draghi empurra», dizem quase todos –, e eis senão quando!...

A.3. 2015 – As surpresas incuriais da dança do poder nos estados-membros... A zona euro em suspenso?

A.3.1. Agora e sempre a Grécia: no descambar da crise... um governo inédito e incómodo

A 25 de janeiro houve eleições parlamentares antecipadas na Grécia. Resultaram do facto de, como reza a constituição helénica, o parlamento não ter conseguido a maioria qualificada necessária para eleger, à terceira tentativa, o nome para presidente da república proposto pelo governo dirigido pelo primeiro-ministro Antonis Samaras suportado pela coligação dos dois partidos do centro (Nova Democracia e Pasok). Ora, nestas eleições nacionais, há uma novidade na Europa dos Estados da União, de alguma forma previsível, dada a tendência evolutiva das sondagens: um partido da esquerda radical (*Syrisa*), que se reivindica do ideário marxista e promete combater a austeridade e reestruturar a dívida, ganha as eleições. O líder desta coligação (Aléxis Tsipras) – transformada em partido em 2013 para beneficiar do sistema eleitoral grego, amálgama de pequenas fações de extrema esquerda (trotskistas, maoístas, comunistas-ecologistas entre outros aparentados), com um historial de tensões e de ruturas – foi chamado a constituir governo, de que será primeiro-ministro desde 26 de janeiro, o dia seguinte às eleições. Ora, um governo deste jaez, de todo incomum e nada canónico, é, pois, um problema sério e inquietante para os poderes tradicionais estabelecidos na Europa e nos seus estados-membros, em particular no espectro político do centro de direita e de esquerda. Adivinham-se relações difíceis.

Com efeito, o governo saído destas eleições vai ser confrontado com dificuldades de vária ordem. Desde logo, no plano político interno: o Syrisa, a formação política mais votada, genericamente pró-europeia e favorável à permanência da Grécia na zona euro, não dispõe de maioria absoluta, o que a obriga a entender-se, no governo e no parlamento, com outra formação partidária, no caso vertente, um partido de direita nacionalista e eurocético (ANEL / Gregos Independentes); às clivagens internas da própria coligação esquerdista, com diferenciadas sensibilidades, somam-se as de um partido que, de comum com esta, tem pouco mais do que a antiausteridade e um certo sentimento de orgulho nacional. A coesão política deste conglomerado heterogéneo, enquanto ator principal da nova gestão política ateniense, parece estar, à partida, fragilizada e ser potencialmente desestabilizadora.

Por outro lado, noutros países da zona euro, com eleições parlamentares no curto prazo, surgem formações político-partidárias "à esquerda da esquerda", com proclamações programáticas próximas das da coligação grega vitoriosa, seduzindo um eleitorado crescente, cansado de austeridade e descrente dos partidos tradicionais, responsabilizados pelas más políticas que conduziram à degradação da economia e do Estado social. É o caso, em Espanha, da formação de extrema-esquerda *Podemos*, que ameaçou produzir uma hecatombe no espectro partidário reinante neste país ibérico; é o caso também de outros países, conhecedores da violência *austeritária* (neologismo que o arrastamento da crise parece vulgarizar) decorrente dos programas de ajustamento a que têm estado sujeitos –, em que se assiste à emergência ou à reformulação de novos grupos partidários e ao reforço potencial de partidos oposicionistas mais antigos situados nas franjas da esquerda dos extremos, uns e outros próximos do espectro ideológico e reivindicativo da coligação grega no poder. No caso de Portugal, após as eleições legislativas de outubro de 2015, nenhum dos partidos do centro, que tradicionalmente disputaram o exercício do poder, tem a maioria necessária para governar: nem a coligação de direita PSD-CDS, que esteve no governo em 2011-2015, nem o Partido Socialista, que exerceu o poder executivo de 2004 a 2011. Uma tal indefinição eleitoral induz o líder deste último partido, António Costa, a estabelecer um acordo parlamentar com partidos de ideologia marxista – o Partido Comunista Português (PCP) e o

Bloco de Esquerda (BE) – situação inédita na história da democracia portuguesa, que viabiliza a constituição do governo minoritário do PS. Noutros países – como em França, na Holanda, na Finlândia e um pouco por toda a parte, dentro e fora da área do euro –, as simpatias por formações "à direita da direita", populistas, antieuropeístas e mais ou menos xenófobas, não cessam de se reafirmar e ganhar, nalguns casos, expressão eleitoral e representatividade nas instâncias políticas nacionais e europeias, sobretudo ao nível parlamentar: é o caso mais visível e paradigmático, em França, do partido de extrema-direita *Frente Nacional*, liderado por Marie Le Pen, personalidade que, conforme sondagens, tem possibilidade de protagonizar as eleições presidenciais a realizar naquele país em abril-maio de 2017.

Ora, a incomodidade resultante de uma tal evolução interna, que fragiliza e desafia o poder tradicionalmente estabelecido, não poderia deixar de se refletir contundentemente nas instâncias europeias comuns onde os governos estão representados. O novel interlocutor da Grécia e parceiro legítimo nas instituições da União e no Eurogrupo não confere com os cânones europeus, no perfil partidário, na mensagem política e na atitude (in)formal; e pretende, além do mais, alterar as condições do empréstimo em curso, reestruturar a dívida vencida e negociar um novo resgate. Causa engulhos e põe ostensivamente em causa a narrativa política dominante sobre a crise das dívidas soberanas, sobre as soluções impostas nos países intervencionados por resgates e respetivos programas de ajustamento ou sobre as orientações políticas institucionais recomendadas e adotadas em estados-membros. A reivindicação de uma política alternativa que promova o crescimento económico e o emprego, perante a perceção extensiva de que a austeridade teve efeitos perniciosos e contraproducentes, e o protagonismo mediático do governo de um país (a Grécia) onde visivelmente a referida política falhou não casam com a credibilidade dos fautores institucionais e nacionais da referida política de austeridade. Nalguns países, como em Portugal, foi esta defendida e aplicada com denodo e convicção, tal como o assumiu o primeiro-ministro português Passos Coelho – «na austeridade, onde fomos além da troika» –, e confirmou o seu ministro das finanças, Vítor Gaspar, para quem «fomos inclusive além dos compromissos assumidos no Programa de Assistência Económica e Financeira» (conforme se noticiou amplamente na comunicação social nos anos duros da crise).

De uma forma ou de outra, sentem-se, pois, todos ameaçados: as instituições da União não podem assumir, sem mais, o fracasso de uma política de austeridade excessiva, que a coordenação e supervisão das políticas económicas e o acervo normativo da União, no quadro do PEC, legitimaram e reforçaram; as entidades dentro da troika, que desenharam os memorandos subscritos e exigiram o seu cumprimento escrupuloso, não podem admitir agora o falhanço dos pressupostos e das exigências que neles se formulavam; os estados-membros credores do primeiro empréstimo à Grécia ou fiadores do segundo não estão disponíveis para "perdoar" os montantes despendidos ou garantidos e a exporem-se ao julgamento dos seus parlamentos e/ou dos seus eleitores. É muita a incomodidade; e como se não bastasse, é agudizada ainda pelo facto de o governo contestatário ou o parceiro denunciante se posicionar num campo ideológico que, a ser bem sucedido na sua oposição à austeridade e na sua reivindicação de reestruturação da dívida, daria ânimo aos movimentos e oposições nacionais que se perfilavam numa postura idêntica; além do mais, alimentaria, quiçá, expectativas também nos atores políticos dos países intervencionados de beneficiarem, por sua vez, de bonomias nos empréstimos de que eram devedores. A Alemanha – chefe de fila e mandante, em primeira linha, da política de austeridade em causa, cada vez mais criticada no espaço europeu e internacional –, era diretamente visada, e, a dar razão às exigências gregas, a chanceler Merkel, que a personificou, não só caucionaria aquelas críticas, como não sairia bem no retrato no seu próprio espaço doméstico, até agora relativamente preservado. Ora, o período que se arrasta desde o início das negociações com o novo governo grego, em finais de janeiro, até à conclusão de um acordo, em inícios de julho – em que todas as incurialidades se cometeram e todos se saíram mal –, só é inteligível tendo em conta este contexto e estas condicionantes.

A.3.2. O drama grego – uma tragédia europeia? «É o momento mais crítico da história da Europa e da zona euro»

a) Um referendo desconcertante: e se o "não" vencer?

Durante sucessivos meses a Europa esteve refém da falta de entendimento entre as exigências do Eurogrupo e a recusa das condições a cumprir, por parte do governo grego, para receber a fatia restante do último empréstimo e para renegociar a dívida para limiares que a Grécia pudesse suportar sem inviabilizar o crescimento económico nem agravar mais as condições sociais. Ora, a decisão do referendo, com a vitória esmagadora do "não", defendida pelo governo, culminaria num dos momentos mais paroxísticos e degradantes da zona euro, se não mesmo «o momento mais crítico da história da Europa e da zona euro», como afirmou, a 7 de julho, o presidente do Conselho Europeu (Donald Tusk). Após o referendo, e depois das subsequentes reuniões inconclusivas e recriminatórias do Eurogrupo e dos líderes da zona Euro, Tusk advogou "uma ajuda humanitária à Grécia", no caso de a saída iminente do euro se confirmar na impossibilidade de acordo. Pela primeira vez a hipótese institucional da saída da Grécia da zona euro (*Grexit*) – até então apenas conjeturada no espaço público ou em círculos restritos opinativos – foi colocada em cima da mesa: foi seriamente apontada pelo presidente da Comissão –, instituição que «está preparada para tudo» e tem um estudo ou «o cenário de "Grexit" preparado em detalhe»; foi invocada por outras personalidades, nomeadamente do governo alemão, com destaque para o desconcertante ministro das finanças (Schäuble), que advogou a "expulsão" da Grécia por um período de cinco anos, sem que se tenha entendido como é que, de facto e de direito, isso se faria e como se preveniriam os danos consequentes e colaterais. O período de meio ano, de fevereiro a julho de 2015, em que a Europa esteve no fio da navalha, ficará certamente na história da integração comunitária pelas piores razões. Contudo, apesar da intensidade dramática durável, as praças financeiras, nos mercados bolsistas e das dívidas soberanas, repercutindo embora os perigos da instabilidade, não entraram em histeria, os juros dos países intervencionados mantiveram-se numa relativa acalmia, dentro de valores comportáveis, excetuando a Grécia, que nunca deixou de estar sob forte pressão. Esta relativa acalmia da zona euro justificar-se-á mais pelas ações sedativas (não convencionais) do BCE do que por um comportamento mais racional e resiliente dos ditos mercados.

Em boa verdade, nada estaria garantido com a finalização do compromisso conseguido na cimeira do euro a 13 de julho: se a angústia grega e a pressão sobre a zona euro ficaram por agora mais distendidas, o acordo alcançado – sobre o qual o chefe do governo grego disse logo, à sua fissurada maioria no seu dividido parlamento, não acreditar, apesar de ter assinado, sob pressão «dura e vingativa», por não ter alternativa «para evitar o desastre do país» –, contempla medidas difíceis, cujos efeitos económicos e sociais previsíveis serão gravosos e os resultados presumíveis sobre a dívida helénica impraticáveis.

b) Um (des)acordo impraticável e impudente?

Com efeito, os termos do novo acordo de resgate à Grécia, o terceiro em cinco anos, endurecidos pelas exigências do Eurogrupo, foram consagrados, no essencial, no documento saído da maratona negocial da cimeira do euro concluída na manhã de 13 de julho. Contempla duas modalidades: um empréstimo transitório de emergência, a três meses, de 7.160 milhões de euros, a financiar pelo Mecanismo Europeu de Estabilização Financeira (MEEF), para ocorrer às necessidades imediatas (pagamento das dívidas em curso aos credores — BCE, FMI e Banco central grego – e de salários e pensões); e um programa de financiamento a três anos, de 86 mil milhões, a negociar nos ajustamentos de pormenor entre as partes (troica e governo grego) por via de um memorando de entendimento a concluir em definitivo. De fora ficava a difícil questão da reestruturação da dívida grega – matéria de princípio ou cavalo de batalha com que o ex-Ministro das Finanças grego (Varoufakis) confrontara sem êxito os seus pares do Eurogrupo; não fora, contudo, liminarmente excluída para reapreciação futura, considerando o facto de o FMI exigir a sua discussão, questionar a sustentabilidade da dívida grega (170% do PIB), no que é apoiado pelo BCE, e admitir o alívio ou a possibilidade de um corte do respetivo valor nominal – condição, aliás, que invocou para poder participar no empréstimo, mas que a Alemanha e outros parceiros rejeitam. O empréstimo definitivo seria ratificado pelo Eurogrupo em meados de agosto, no valor indicado (até 86 mil milhões de euros), a disponibilizar ao longo de três anos sob caução do cumprimento do memorando. Foi o acordo aprovado, entretanto, pelo parlamento helénico, com uma ampla maioria dos deputados gregos (222 votos sim, 64 não, 11 abstenções) – uma aceitação "dolorosa", mas "responsável", conforme declarações dos principais líderes partidários, instigada pelo dramatismo do primeiro ministro – «Teríamos um memorando com dracma ou com euro», declarou (*Público*, 14/8/2015) –, e pelo enfatizado argumento de que, «se os deputados recusassem o acordo, estariam a fazer um favor ao ministro alemão das Finanças, Wolfgang Schäuble, desejoso de que o plano falhe para a Grécia sair do euro». Contemplando medidas severas, com custos sociais elevados (57 medidas e 40 projetos de lei que incluem privatizações e reformas substanciais nas áreas da saúde, segurança social, pensões e sistema fiscal), o memorando não só causou baixas no governo como provocou fissuras na coligação que o suporta e uma cisão que deu lugar a um novo partido antimemorando ("Unidade Popular"). Ora, com este desfalque de credibilidade, o fragilizado primeiro-ministro Tsipras, sem a maioria qualificada necessária para se submeter a uma moção de confiança (só 118 deputados entre os 162 da coligação do governo do seu partido aprovaram o acordo, quando necessitaria de 120 no mínimo), viu-se obrigado a apresentar a demissão; dela resultaria a realização antecipada de novas eleições legislativas (4 em três anos), marcadas para 20 de setembro, que Tsipras viria a ganhar, formando, subsequentemente, governo.

O Eurogrupo – essa instância informal dos ministros das finanças da zona euro, pretensiosa e altissonante, capitaneada, de facto, pelo todo poderoso ministro alemão Wolfang Schäuble –, protagonizara o pomo da discórdia, mesmo quando as "instituições" (o nome novo da mal-afamada troica) configuraram um entendimento. Os governantes que o compõem deram o exemplo inadequado – por muito que fosse a alegada inexperiência do novel executivo grego ou o suposto voluntarismo provocatório do seu convencido ministro Yanis Varoufakis –, de como o enviesamento político, o tacticismo nacional, o sectarismo ideológico e o espírito revanchista ameaçaram fazer ruir o projeto nobre da construção europeia a caminho de setenta anos de existência. A eles se juntaram, no mesmo coro de despropósito, personalidades que, pela responsabilidade supranacional dos cargos europeus a que presidem – o presidente do PE, Martin Schülz, e da Comissão, Jean-Claude Juncker – deveriam ser mais comedidos na forma como investiram contra o governo legítimo da Grécia e contra o exercício constitucional das competências democráticas soberanas deste país, quer se goste quer não, nomeadamente aquando do referendo às condições do empréstimo, pretendendo ameaçar o sentido e a liberdade de voto do povo grego. Só assim se compreende o arrastamento da negociação até ao limite da exaustão, preliminar do imponderável, só assim se entende que as condições da renegociação do empréstimo, que os gregos submeteram e rejeitaram em referendo, tenham sido expressivamente endurecidas no "acordo" pós-referendo. A vontade dos gregos expressa em eleições ou em democracia direta, livre e respeitável, não tem que impor-se, não pode sobrepor-se à vontade europeia resultante de negociação honesta e realista. Mas, tal como se passou, todos perderam as estribeiras, todos se portaram mal – e a Europa perdeu..., quiçá, de forma irreparável. E como será quando a Grécia tiver que renegociar outro empréstimo, o quarto, o quinto, o..., se até lá não ponderar o bom senso e a ideia de Europa, que tão arredados andam nos tempos que correm?

A.4. Nota moral e cívica em jeito de remate. Grécia... alfa e ómega de uma Europa trágica e gloriosa em busca de si mesma?

No princípio da Europa era a Hélade... A Europa, qual virginal princesa raptada na Ásia e transportada para Creta, emergiu aí, na Grécia – âmnio primordial de um ser antes de o ser. Autonomizou-se como continente, mais por força da história do que da geografia; construiu-se como civilização, na síntese de um caldo eclético e aglomerante; ergueu-se como democracia, na aventura de um parto violento e sofrido, legado genesíaco desse sémen fecundo das suas helénicas origens; e luta pela sua homérica existência, na busca incessante da unidade associativa e integradora. Na europa úbere de hoje está lá a grécia toda, com o seu magma primígeno, e estão os forasteiros supervenientes e alienígenas com os seus legados assimiláveis. Amputá-la de uns, privá-la de outros é matá-la. "Grexit"? Não seria bom para a Europa, seria, quiçá, fatídico para a União.

No início da presente crise europeia está a Grécia. Orgulhosa do seu passado matricial de progenitora adâmica da civilização ocidental, recusou comportar-se como boa aluna europeia, numa escola a mando de potências que ditam as regras para todos e muito mal lhe fizeram no passado – dirá ela, dentro, e pensam alguns, fora. Negligente ou irresponsável, não fez os trabalhos de casa – julgam muitos: mentiu reiteradamente ao iludir as estatísticas oficiais próprias, não reformou o Estado e a economia conforme os ventos dominantes na onda neoliberal à solta, alimentou sistematicamente um Estado corrupto, clientelar e clânico – diabolizam quase todos; não cumpriu os programas de ajustamento a que se obrigou nos dois resgates de (alegada) solidariedade europeia – proclamam em uníssono os figurantes desse fórum intergovernamental, denominado Eurogrupo, alcandorado agora a instância de decisão europeia, sem legitimação nos tratados da União.

E o resultado estaria à vista: um défice e uma dívida inadmissíveis em 2010, empréstimos subsequentes com condições esmagadoras, situação insustentável – financeira, económica e socialmente –, no ponto em que se encontra. Perdão da dívida ou parte dela, à custa agora dos orçamentos solidários dos estados-membros, nem pensar; alívio racional – em vez do endurecimento, irremissível e expiatório, das condições de austeridade para um novo empréstimo – está fora de questão. A precária solução, de mais do mesmo, a que se chegou no verão de 2015 – mais empréstimo com austeridade reforçada –, que pôs a nu a curteza de vistas dos governos em exercício, mitigará, por algum tempo (até ao próximo resgate), a mediatização do problema, mas não é credível que o resolva. Eis o ponto a que se chegou, sem que alguém, no plano institucional, ouse prever uma solução sustentável para este país balcânico, tão glorioso no passado longínquo, tão infortunado no tempo presente. Se nada de relevante se fizer para reorientar o rumo seguido pela Europa desde o início da crise financeira, se a inação institucional

59

persistir, deixando descontrolado o egoísmo dos estados-membros, dentro ou fora do Eurogrupo, se nada de substancial ocorrer nos anos imediatos, o próximo embate da crise financeira, que poderá ser a necessidade de um novo resgate da Grécia, o *Grexit*, que no início do verão de 2015 foi uma séria e angustiante possibilidade, bem poderá tornar-se, depois, uma realidade inexorável. E com o fim da Grécia no euro estará o fim do euro e da Europa dos pais fundadores?

A Europa, instável e desacreditada, tem andado à deriva, quiçá, na rota do naufrágio; embora tenha rosto ainda, vai perdendo a alma. A incompetência e miopia governantes campeiam em roda livre no plano doméstico e no nível europeu em que se representam. Se era tolerável admitir-se, no início, que o caso da Grécia era um problema dela, forçoso é reconhecer-se que, no estado atual, se trata de uma ingente e urgente questão europeia, que tem de ser positivamente resolvida pela União, para não devir numa tragédia, para a Grécia e, de rompante, para a Europa toda, e, sabe-se lá, com que ondas de choque no plano mundial. «A verdadeira tragédia da vida é quando os homens recusam ver a luz» – diria Platão; haja, pois, lucidez e tolerância contra a dureza míope e justiceira dos creontes que por aí andam; para bem da grandeza da Pólis, não se deixe morrer antígona porque, de contrário, poderá ninguém sair ileso, e a catástrofe ser fatal.

No início era a Grécia... E a Grécia será o fim? O drama grego – tragédia europeia? Na opacidade nevoenta de um tempo de chumbo, é difícil ver claro na espuma dos dias, impossível ainda vaticinar funestos prognósticos. Grécia, Portugal, Irlanda, Chipre... – vítimas extremadas de uma deriva errática da Europa trágica e gloriosa em busca de si mesma, na odisseia sofrida e teimosa do seu projeto unificador no encalço do bem comum da Cidade?

Só o tempo o dirá!

B.
AS RESPOSTAS À CRISE.
REFORÇO DA GOVERNAÇÃO ECONÓMICA

B.1. A atuação do BCE: o ator fundamental na contenção da crise

Desde o início da crise internacional, e, em particular, em contexto de colapso financeiro invasivo nalguns países mais frágeis da zona euro, insistentes e expectantes foram as soluções que se pediram ao BCE, perante a indecisão ou a inépcia das instituições políticas europeias. Ao assumir a presidência do BCE em finais de 2011, o italiano Mario Draghi, coadjuvado pelo seu vice-presidente Vítor Constâncio, [o italiano Mario Draghi, coadjuvado pelo seu vice-presidente Vítor Constâncio, prometeu, pouco depois, fazer tudo para salvar o euro e disponibilizou medidas audaciosas e pouco ortodoxas, que mostraram a sua comprovada pertinência, como foi dito atrás.

Se há, na verdade, instituição europeia que esteve à altura dos acontecimentos e que, no limite das suas atribuições, soube dar a volta nos momentos mais críticos, foi essa, sem dúvida, o supranacional Banco Central Europeu (BCE). A sua capacidade e independência para contornar os paroxismos da crise financeira e salvar o euro, se não mesmo a União Europeia, no quadro das suas competências técnicas, interpretadas de forma flexível e pouco convencional, são geralmente reconhecidas, pesem embora a incomodidade, as críticas e as reações hostis suscitadas por fautores do ortodoxo pensamento ordoliberal germânico. Bem gostariam estes que o BCE se comportasse estritamente à imagem e semelhança do *Bundesbank*, como se a zona euro e os Estados participantes fossem apenas a extensão de uma zona monetária moldada pela lógica da vontade alemã e pelos acidentes traumáticos da sua história financeira da primeira metade do século passado.

B.1.1. Dispositivos e programas não convencionais

Com efeito, a estratégia adotada pelo Eurossistema/BCE, no âmbito da união monetária, tem revelado valências positivas: o euro é, quase desde a sua criação, uma moeda forte, relativamente estável, de referência e de reserva internacionais, pesem embora as perturbações resultantes da crise das dívidas soberanas e do sistema bancário na zona euro. O objetivo supremo da estabilidade dos preços, com uma progressão de médio prazo inferior ou próxima dos 2% durante largo tempo, mostrou-se relativamente eficaz. Por outro lado, o BCE provou também ser uma instituição competente e pragmática para dar resposta operacional às tensões violentas aquando da crise financeira de 2007-2008, apesar da inexistência, à época, de capacidade formal para intervir no sistema financeiro. Perante o evoluir da crise internacional e a sua dramática incidência no espaço da União e, de modo mais periclitante, na zona euro, não só o BCE foi célere a tomar medidas excecionais como pôs em funcionamento instrumentos de política monetária não convencionais, que foram capazes de travar a hecatombe do sector financeiro.

Enunciem-se, pois, medidas importantes e emblemáticas tomadas pela instituição de Frankfurt, algumas das quais foram, de passagem, referidas acima. Assim, no contexto da crise financeira internacional de 2007, baixou as taxas de juro em 325 pontos em cerca de meio ano (outubro de 2008 a maio de 2009), de 4,25% para 1%; forneceu aos bancos a liquidez de que necessitavam (no imediato e para constituição de reservas de financiamento) e injetou quantidades maciças de dinheiro no mercado, atenuando o risco de insolvabilidade de certos bancos. Com o adensamento da crise das dívidas soberanas da área do euro, comprou no mercado secundário, obrigações garantidas em euros para baixar os juros dos empréstimos soberanos e veio, por essa via, em socorro da dívida de países-membros com maiores dificuldades de tesouraria e, por isso, mais fustigados pelas agências de notação internacionais, tendo absorvido mais de 200 mil milhões de títulos gregos, irlandeses, portugueses, espanhóis e italianos. Anunciou no verão de 2012, num pico convulsivo da crise da zona euro, a sua determinação em fazer tudo para salvar o euro e, pouco depois, apresentou, sem estatuto de credor privilegiado, um programa (OMT) de compra "ilimitada" de dívida soberana dos estados-membros com dificuldades de acesso aos mercados financeiros, desde que os beneficiários formulassem um pedido de assistência aos parceiros e negociassem um memorando de "rigorosa" condicionalidade. Para fazer face à descida crescente dos preços, perante sérios riscos de se instalar o espectro da deflação, lançou, em finais de 2014, um programa alargado de "flexibilização quantitativa" que autorizava a compra de obrigações de dívida pública pelos bancos centrais para injetar dinheiro no sistema, na ordem de 60 mil milhões mensais, a partir de março 2015 até setembro de 2016 – o que somará, no fim do período, mais de 1 bilião de euros. Com esta medida corajosa, à revelia formal dos tratados que impedem o financiamento do BCE a entidades públicas (art.º 125º TFUE), mas que, no quadro judicioso das suas competências, justifica para estancar a deflação e animar a economia, ficou a porta aberta para ir além deste prazo até inverter a trajetória da inflação baixa para valores confortáveis.

Apesar dos resultados positivos desta atuação – mas não com a celeridade que seria desejável, em virtude da instabilidade nos mercados bolsistas, as incertezas das economias dos países emergentes e a baixa do preço das matérias-primas e, em particular, do petróleo –, o BCE anunciou, em inícios de setembro de 2015, a sua pretensão de alagar e prolongar o programa de compra de ativos financeiros para atingir a meta da inflação de 2%, aumentando, nomeadamente, o limite de compras de dívida de um país (de 25% para 33%), sem prejuízo de outras possíveis novas medidas, se necessário fosse para conter riscos indesejáveis. Ora, nos primeiros meses de 2016, o BCE prolongou o prazo até ao fim de março de 2017 e aumentou de 60 para 80 mil milhões de euros o limite mensal do programa para compra de ativos, na expetativa de, com este programa amplificado (APP), estimular a economia europeia perante resultados insatisfatórios de crescimento e de inflação; e, embora privilegiasse a compra de obrigações de dívida pública, mostrava disponibilidade também para adquirir outros ativos (títulos emitidos por instituições supranacionais europeias, obrigações das empresas, instrumentos de dívida titularizados). Contudo, em 8 dezembro de 2016, Mario Draghi, numa conjuntura de risco de deflação ainda não de todo superada, anunciou prosseguir as aquisições, ao abrigo do referido programa de compra de ativos, com o mesmo propósito que o motivou: «facilitar a disponibilização de crédito à economia da área do euro, tornar menos onerosas as condições dos empréstimos às famílias e às empresas e contribuir para o retorno das taxas de inflação a níveis inferiores, mas próximos dos 2 % no médio prazo, em consonância com o objetivo primordial do Banco Central Europeu (BCE) de manutenção da estabilidade dos preços»[2]. Prolongou o programa (APP) de abril a dezembro de 2017, pelo menos, embora reduzindo o montante mensal para o valor inicial de 60 mil milhões de euros; e não descartou, se necessário for, a possibilidade de vir a reforçar as compras no volume e na extensão do prazo, «até que o Conselho do BCE considere que se verifica um ajustamento sustentado da

---

[2] Decisão (EU) 2017/100 do BCE de 11 de janeiro de 2017, que altera a Decisão (UE) 2015/774 relativa a um programa de compra de ativos do setor público em mercados secundários (*JOUE*, 20.1.2017, L16/51-52).

trajetória de inflação, compatível com o seu objetivo para a inflação» (comunicado de imprensa do BCE).

Espartilhado pelos tratados nas competências que lhe estão atribuídas, mas com disponibilidade para soluções não convencionais, até onde poderá ir a capacidade criativa do BCE, com a determinação e audácia de Mario Draghi – o "Super Mario", "o salvador da zona euro", "o único estadista", entre muitos outros epítetos e expressões elogiosas com que é apodado na imprensa europeia, excluindo geralmente a germânica e alguma aparentada –, para, em situação de premência, salvar o euro e a integridade da sua zona, se a presente crise se arrastar e os atores políticos não estiverem à altura das decisões convenientes?

B.1.2. O BCE – o ator que faz a diferença: "salvador da zona euro"?

Ao aproximar-se da atuação de um banco federal, sem que os tratados lhe reconheçam explicitamente esta valência, o BCE tem feito tudo o que está ao seu alcance para evitar o colapso e dar vida ao euro, facultando tempo também aos decisores políticos para que façam a sua parte. Atuando no quadro de uma estatuída união económica e monetária, em que se federalizou esta e se desguarneceu aquela – prisioneira dos estados-membros, que detêm a competência fiscal e orçamental e são, em suma, responsáveis pelas políticas macroeconómicas, coordenadas ao nível da União –, o Banco Central foi mesmo assim capaz de induzir estabilidade temporária; conseguiu conter avalanches graves e contornar perigos suscitados por uma união monetária de choques assimétricos e de outras disrupções, que não corresponde a uma zona monetária ótima (Robert Mundell), que a área do euro deveria ser.

O BCE fez, pois, a diferença, perante a inação das instituições políticas europeias e a curteza de vistas dos (governos dos) estados-membros – aquelas e estes a reboque de uma Alemanha fechada em si mesma, refém das suas indecisões geopolíticas, que não conseguiu decididamente enfrentar a crise com um plano de conjunto credível e realista, à dimensão da sua grandeza, limitando-se a medidas paliativas *in extremis*. Contudo, a instituição europeia de Frankfurt, por muito ousada que seja a sua terapêutica de controlo de danos, não conseguirá, por si só, curar a enfermidade, não poderá em definitivo salvar a Europa. São precisas medidas de fundo que ataquem, na raiz, os problemas estruturais subjacentes à crise e que vão muito para além dos expedientes técnicos, por muito ousados e necessários que estes sejam em situações críticas, mas que terão sempre um alcance limitado e, porventura, passível de erosão. Tais medidas passam por soluções políticas, que só as instituições competentes poderão adotar (Conselho Europeu e Conselho, à cabeça, Comissão e PE); e estas têm tardado, surgem a conta-gotas, hesitantes ou insuficientes – num certo «gosto pelo inacabado no tratamento da crise» –, sem ousadia nem vontade para atacar o problema, lá onde ele está; ou seja, como se verá adiante, no desequilíbrio persistente de uma união que deveria ser económica e monetária, tal como formalizado no tratado fundador (Maastricht), mas que, sem instrumentos adequados de governo económico, tem privilegiado a segunda vertente, em detrimento da primeira.

B.2. As medidas políticas das instituições europeias e dos estados-membros participantes

Para melhor se compreenderem as medidas políticas tomadas no contexto de crise, a sua natureza e alcance, hesitações e insuficiências, abra-se aqui um parêntese a fim de as enquadrar no respetivo contexto histórico evolutivo. Recorde-se, pois, rapidamente, o processo evolutivo conducente à UEM, e sumariem-se, de seguida, os critérios definidos e o enquadramento normativo para tentar colmatar os desequilíbrios político-institucionais e as assimetrias de desenvolvimento dos estados-membros – causa primeira subjacente às respetivas divergências políticas que motivaram o arrastamento paroxístico da crise da zona euro e da sua dramática incidência nos países mais expostos (Grécia, Irlanda, Portugal, Espanha, Chipre), situados nas orlas periféricas do grande mercado interno europeu. Enunciem-se, por fim, as disposições normativas e os instrumentos financeiros adotados para fazer face à referida crise.

B.2.1. Enquadramento histórico. Uma longa evolução: da coordenação monetária à moeda única (1970-1999)

a) A coordenação monetária europeia: da precariedade da "serpente" ao esgotamento do SME

Se há área política da UE que tem sido objeto de intervenções e de controvérsias persistentes a partir da crise financeira internacional de 2008 e, sobretudo, desde 2010, com o adensar da crise das dívidas soberanas e da zona euro, é a que respeita à união económica e monetária. Desde os alvores do Mercado Comum, em 1958-59, a questão de uma moeda única foi colocada e prevista pela Comissão (*Relatório Marjolin*, 1962) e considerada condição basilar para que o referido mercado, uma vez concluído, funcionasse de forma transparente, sem os artifícios e perturbações resultantes das diferenças cambiais das diversas moedas em competição no referido espaço económico de livre circulação das mercadorias. Contudo, foi com a crise internacional dos primeiros anos de década de 70 – perante o embate especulativo contra o dólar (moeda de referência do sistema monetário internacional, desde o acordo Bretton Woods de 1944, ancorado no padrão dólar-ouro) e, subsequentemente, a incapacidade de a moeda americana garantir a paridade com o ouro –, que a questão de uma moeda única se colocou seriamente entre os estados-membros da então Comunidade Económica Europeia (CEE). Foi mesmo elaborado, a pedido destes, um cuidadoso relatório, conhecido por *Plano Werner* (1970), que propunha uma união económica e monetária a realizar por etapas, com um governo económico, independente e supranacional, mas que a França de Georges Pompidou rejeitou. Foi tentada, alternativamente, uma experiência de coordenação monetária, conhecida por *serpente monetária* (dentro do túnel do dólar, primeiro, e fora dele, a seguir), que teve vida curta e se dissolveu em dificuldades intransponíveis, dada a impossibilidade de fazer cumprir as margens de flutuação acordadas (4,5% em relação ao dólar, 2,25% entre as moedas comunitárias). Perante este relativo fracasso, a coordenação monetária seria retomada ulteriormente, de forma mais consistente, com a criação, em 1979, do Sistema Monetário Europeu (SME), alicerçado no *ecu* (*european currency unit*), espécie de moeda comum, uma unidade de conta, em rigor, cujo valor era calculado em função de uma média ponderada do cabaz de moedas comunitárias (marco com 33%, franco francês com 20%, lira com 10%, libra irlandesa com 1%..., em 1979, a 9 estados-membros). Assumia-se o compromisso, com esta fórmula de cooperação monetária entre estados-membros, de estabilizar as respetivas moedas, com taxas centrais controladas por um mecanismo de taxas de câmbio (MTC), numa margem de desvio de ±2,25% em relação ao valor do ecu[3].

Este sistema avançado de coordenação monetária provou ser durável, pelo menos até à crise internacional, no dealbar da década de 90, quando – num contexto de depressão económica, incertezas políticas europeias e subsequentes pressões especulativas sobre as moedas –, perante a dificuldade de controlar as margens de flutuação

---

[3] Para uma abordagem de síntese mais pormenorizada do processo evolutivo de coordenação monetária que conduziu ao SME, ver António Martins da Silva, *História da Unificação* [...], cit., p. 177-185.

de algumas moedas (a libra inglesa e a lira italiana, entre outras), foram estas forçadas a abandonar o sistema, salvando-se a custo o franco francês, socorrido de emergência pelo marco alemão. Para tentar salvar o SME, as margens de flutuação das moedas participantes foram alargadas, nos dois lados, para 15%, mas o sistema, que prestara bons serviços à estabilidade monetária durante mais de uma dezena de anos, atingia agora, sem retorno, o seu limiar de exaustão. Com efeito, nesta ambiência de crise – e tendo o Ato Único Europeu, em vigor desde 1987, determinado concluir o mercado unificado até 31 de dezembro de 1992, com a finalização das quatro liberdades do mercado, incluindo a dos capitais –, gerou-se um novo e intenso debate sobre a necessidade de criar a moeda única, no quadro da reforma de um novo tratado. Perante as divergências ideológicas e políticas em confronto, à época, foi conseguido, a custo, um compromisso – tributário, em boa medida, do posicionamento alemão sobre a matéria: uma união económica e monetária a ser preparada ao longo de um processo faseado para, antes de entrar em vigor a moeda única, ser esta previamente caucionada por uma convergência económica necessária entre os estados-membros candidatos; um banco central europeu para gerir a moeda única, prevista para 1997 ou, o mais tardar, para 1999 – banco que deveria ser independente e competente para garantir a estabilidade dos preços, à imagem e semelhança do poderoso *Bundesbank*, o banco federal alemão.

b) Dos critérios de convergência de Maastricht ao pacto de estabilidade e crescimento revisto (1992-2007)

O novo tratado, dito de Maastricht, aprovado em 7 de fevereiro de 1992 e em vigor a partir de 1 de novembro 1993, formalizou o referido e difícil compromisso, com a contrapartida da exigência germânica de rigor e de disciplina orçamentais na condução das políticas económicas nacionais. Apesar da designação formal de união económica e monetária, consignada neste tratado, os pratos da balança das duas vertentes ficaram muito desequilibrados: de um lado, uma política monetária, supranacional e federalizada, sob a responsabilidade agora do BCE, pois que os estados-membros participantes, adotantes do euro, cederam em absoluto a soberania nesta matéria – o direito de cunhar moeda; do outro, políticas económicas nacionais, coordenadas ao nível europeu, permanecendo sob a autoridade nacional daqueles a responsabilidade da condução das políticas fiscal, orçamental e bancária – logo, titulares soberanos das políticas (macroeconómicas) de crescimento e de emprego, embora privados de instrumentos importantes inerentes à posse da soberania monetária transferida para o BCE. No faseamento para chegar à moeda única, batizada, entretanto, com a nova designação de "euro", foram estabelecidos os requisitos que cada estado-membro teria de satisfazer para nela poder participar – os denominados *critérios de convergência*, que indexaram limiares para as taxas de inflação e de juro (valores máximos permitidos em relação à média dos três países comunitários com melhores índices de preços), para o défice orçamental e dívida pública (3% e 60% do PIB nacional, respetivamente). A moeda, apurados onze candidatos, viria a entrar em vigor, na terceira fase, a 1 de janeiro de 1999, com a instalação operacional do BCE e a fixação irrevogável dos valores das moedas participantes; numa primeira fase o euro circulou sob a forma de moeda fiduciária, pois que a moeda material efetiva só entrou em circulação em 2002 – intervalo de tempo logístico calculado para substituir os dinheiros nacionais (peças metálicas e notas) pelo dinheiro único europeu.

Tendo sido preservada a soberania das políticas económicas nacionais, no quadro da UEM, o Tratado de Maastricht de 1992 (TM) desresponsabilizou a Comunidade Europeia pela assunção de compromissos financeiros de quaisquer autoridades centrais, regionais ou locais dos estados-membros bem como dos respetivos organismos ou empresas do sector público (artº 104-B TUE, artº. 103 TCE, versão consolidada) – é a designada *no bail-out clause*, que as reformas dos tratados subsequentes consolidaram (artº 125º TFUE do TL). Determinou também o estabelecimento de limiares para os montantes das respetivas dívidas e défices públicos (artº 104-C TUE, artº. 104 TCE, versão consolidada, artº 126º TFUE do TL), remetendo para um protocolo anexo a fixação dos valores correspondentes, que viriam a ser 3%, para o défice, e 60% para a dívida em relação ao PIB de cada estado-membro. Ora, esta base jurídica constitutiva seria complementada ulteriormente com disposições normativas derivadas para a estabilidade e convergência, designadas pelo acrónimo de *PEC*, com duas vertentes: *Pacto de Estabilidade e Crescimento*, aplicável aos estados-membros participantes do euro, e *Pacto de Estabilidade e Convergência*, para os não-adotantes da moeda única. Resultaram inicialmente de dois regulamentos aprovados pelo Conselho em 7 de julho de 1997[4].

Um dos regulamentos (1466/97), entrado em vigor em 1 de julho de 1998, comprometia os estados-membros, sujeitos à supervisão multilateral, a apresentar à União (Comissão e Conselho) programas de estabilidade (os participantes da moeda única) ou programas de convergência (os não participantes); com estes planos de ação assumiam cumprir, a partir de orientações gerais de política económica, programas anuais de estabilidade, com o início da moeda única, conducentes a uma situação orçamental próxima do equilíbrio – que, de qualquer modo, não poderia exceder os valores já estabelecidos (3% do défice e 60% da dívida). O outro regulamento (1467/97), a vigorar a partir da mesma altura (1/1/1999), ficou conhecido como *procedimento de défice excessivo* (PDE), que determinava as obrigações a que o estado-membro ficava sujeito no caso de exceder aqueles limites: ou seja, os prazos de

---

4   Regulamentos (CE) nº 1466/97 e nº 1467/97 do Conselho, de 7 de julho de 1997.

notificação, as recomendações e medidas de ajustamento, tendo em conta eventuais atenuantes; mas também, se o estado-membro incumpridor fosse participante da moeda única, as penalizações incidentes, em caso de incúria persistente (depósito não remunerado junto da Comissão, até 0,2% do PIB, num primeiro tempo, passível de conversão em multa agravada, num segundo tempo, que poderia ir até 0,5% do PIB).

Estas duas normas de 1997 foram ulteriormente alteradas e complementadas, embora constituam ainda a base das atuais medidas regulamentadoras. A primeira alteração relevante ocorreu em junho 2005 (27 de junho) – com os regulamentos do Conselho nº 1055/2005, sobre supervisão e coordenação, e nº 1056/2005, sobre o PDE –, alegadamente, para "Melhorar a aplicação do Pacto de Estabilidade e Crescimento" (Relatório do Conselho, de 20 de março de 2005). Na base desta alteração está a circunstância, em 2003, de se questionar a vertente repressiva do PEC, quando a maior parte dos estados--membros se opôs à Comissão, na sequência da recusa da França (com a cumplicidade subsequente da Alemanha) em adotar as me-didas para regularizar as suas finanças públicas recomendadas por aquela instituição, que, perante a desobediência, teve de recorrer, como lhe competia, ao TJCE. Ulteriormente, seriam alteradas as regras do PEC, com a adoção pelo Conselho dos dois regulamentos indicados. As alterações incidiram sobre as duas vertentes do pacto: no reforço da vertente preventiva – ou seja, sobre a coordenação e supervisão das políticas dos estados-membros (consistência da in-formação sobre as perspetivas económicas quanto ao crescimento, o emprego e a inflação, e ainda sobre as medidas orçamentais e fiscais decididas para atingir o objetivo da estabilidade orçamental); mas principalmente na flexibilização da vertente corretiva – isto é, do procedimento de défice excessivo (PDE), que, além do alargamento dos prazos de correção, não deveria aplicar-se a estados-membros com crescimento negativo ou com reformas estruturais em curso, entre outras atenuantes.

Ora, esta flexibilização, decidida em 2005 – sob pressão, de certo modo, de alguns grandes estados-membros (França, Alemanha), em precária situação orçamental, à época –, dificultou a capacidade da Comissão para exercer um papel mais interveniente e persuasivo na supervisão financeira, e reafirmou a indisponibilidade, por parte dos estados-membros, na cedência de soberania em matéria de política económica e orçamental (nenhuma sanção foi até hoje aplicada); mas, ao proceder-se assim, ter-se-á contribuído, de alguma forma, para um certo esmorecimento e laxação de países no cumprimento das metas orçamentais. Confrontados com as repercussões da crise internacional de 2007-2008, resvalaram estes para uma grave situação deficitária e de desconfiança dos mercados financeiros: o que começara por ser uma crise bancária e financeira internacional, na sequência da explosão da bolha imobiliária americana em 2007 – a crise dos *subprimes*, a que se seguiu a falência do Lehman Brothers em 2008 –, evoluiria para uma crise do sistema bancário na União e repercutir-se-ia duramente, a partir de 2010, numa crise das dívidas soberanas, em particular nalguns dos seus estados-membros, afetando gravemente, como se tratou acima, a estabilidade do euro.

B2.2. As medidas substantivas adotadas para a gestão da crise: dos fundos de estabilidade aos avanços da união bancária

Foi neste sombrio contexto, não de todo superado, que foram tomadas medidas de coordenação e de supervisão reforçadas e de agravamento de potenciais penalizações para estados-membros faltosos, sobretudo se fossem participantes do euro. Foi o que ocorreu com os pacotes de medidas adotadas desde os últimos meses de 2011, em plena crise das dívidas soberanas, visando atingir vários objetivos complementares e convergentes: reforço, por um lado, ao nível da União, da coordenação e da supervisão das políticas económicas nacionais, prevenção e correção dos desvios excessivos e desequilíbrios desestabilizadores, em matéria de défice e de dívida e de comportamentos macroeconómicos de risco; apoio, por outro, aos estados-membros, em particular aos participantes da zona euro com dificuldades de empréstimos nos mercados financeiros; finalmente, supervisão macroprudencial do sistema financeiro, em particular dos bancos, de modo a evitar que os erros de gestão irresponsável possam penalizar os contribuintes e os (pequenos) aforradores.

a) Políticas de austeridade e reforço da disciplina orçamental

No que às primeiras respeita, assumiram a forma sobretudo de medidas de austeridade, assim designadas em geral pela opinião pública e percecionadas como tal pela população, duramente atingida por políticas públicas de contenção orçamental, aumento de impostos, redução de rendimentos e de prestações sociais, falências de empresas, desemprego, estagnação económica, num ciclo vicioso infernal de austeridade gera austeridade. Entre estas medidas, no plano da União, algumas foram decididas no quadro comunitário (direito interno da União) e outras, fora dele, por via intergovernamental.

Pela via comunitária destacam-se: os designados *six pack* e *two pack*. O primeiro é um pacote legislativo de seis medidas (uma diretiva e cinco regulamentos), com incidências diferenciadas para os estados-membros conforme se é ou não participante na área do euro; destina-se ao estabelecimento de requisitos aplicáveis aos quadros orçamentais dos estados-membros, à aceleração do procedimento relativo aos défices excessivos, ao reforço da supervisão e da coordenação das políticas orçamentais e económicas, à prevenção e à correção dos desequilíbrios macroeconómicos. O segundo é um pacote subsequente de dois regulamentos legislativos adotado em 2013, para completar o de 2011: reforça o controlo dos orçamentos nacionais no quadro do procedimento dito de *semestre europeu*, ao longo de um calendário que se inicia em abril com o envio à União pelos estados-membros do plano orçamental de médio prazo, para a estabilidade e convergência; culmina em outubro com a submissão à Comissão do projeto orçamental do ano seguinte, de cada estado-membro, para que esta se pronuncie, antes da aprovação do parlamento nacional, e verifique o respeito pelas recomendações adotadas, sob pena de sanção.

Contudo, dada a alegada indisponibilidade de alguns estados-membros para aprovar medidas que exigiam a unanimidade ou que, com essa condição, implicavam a revisão dos tratados, algumas decisões foram tomadas no plano intergovernamental, fora do quadro comunitário, com os estados-membros que a elas se conformaram: é o caso do denominado *Tratado sobre estabilidade, coordenação e governação* (TECG), comummente conhecido por *tratado orçamental europeu*, sendo assinado por 25 estados–membros (ficaram de fora o RU e a República Checa) e tendo entrado em vigor no 1º janeiro de 2013. Em boa verdade, o principal objetivo deste polémico instrumento diplomático multilateral, criado sob pressão da Alemanha, foi a inscrição da chamada *regra de ouro* do equilíbrio orçamental nas constituições nacionais ou em dispositivo jurídico com força e valor imperativo equivalentes, garantida domesticamente por um órgão nacional independente. Quanto às medidas preconizadas, reafirmam-se, no essencial, as que foram adotadas no quadro jurídico da União, por via dos dois pacotes legislativas acima indicados (*six e two packs*): na parte, nomeadamente, que constrange o estado-membro da zona euro a não ultrapassar, por um lado, em 0,5% do respetivo PIB o seu défice estrutural anual, tendo em conta o objetivo de médio prazo fixado pelo governo e transmitido à Comissão no quadro do programa de estabilidade quadrienal; na obrigação, também, da redução em 1/20 ao ano da dívida pública do estado-membro da zona euro quando ultrapassa 60% do respetivo PIB. Num caso como no outro, as imposições não são automáticas, porque são passíveis de atenuantes determinadas por circunstâncias excecionais (uma grave recessão) ou por factos inabituais com grave incidência nas finanças do estado-membro.

Concluindo, todos os governos da União, à medida que a crise alastra, foram instigados a assumirem, ao nível nacional, comportamentos de contenção orçamental e de reformas ditas estruturais, nomeadamente no que respeita a restrições nas políticas públicas com maior incidência social, nas relações laborais, nos sistemas de segurança social, na educação e na saúde. Em menos de dois anos, a União – desde que a crise grega contagiou outros países da área do euro, ameaçada de implosão – fez avanços normativos de monta, no quadro dos tratados vigentes, com uma panóplia de medidas para reforçar a coordenação económica e, sobretudo, a disciplina orçamental: um novo quadro de supervisão macroeconómica, para deteção de desequilíbrios e de riscos; um Pacto de Estabilidade e Crescimento mais forte, que prevê a implementação de sanções numa fase precoce – progressiva (antes do limite de 3% do défice) e mais expedita ("maioria invertida") –, e que contempla também, a par do critério do défice, o do limiar de 60% de dívida pública em relação ao PIB, que tinha sido relaxado anteriormente; e outras medidas de coordenação reforçada (semestre europeu, estatísticas fiáveis, conselhos orçamentais independentes). A acrescer a este afã normativo – de cumprimento obrigatório e prevalecente sobre o direito nacional –, acoplou-se, como se referiu, um novo tratado, fora do quadro legal da União, para, pretensamente, reforçar e garantir que «a regra de ouro» do equilíbrio orçamental, consignada no direito da União, fosse inscrita nas ordens constitucionais nacionais. É a vontade da Alemanha de Angela Merkel, acolitada pela França de Nicolas Sarkozy e por outros parceiros menores, alegadamente virtuosos, para disciplinar e punir os prevaricadores, aqueles que, supostamente, são os culpados da crise do euro: «É inevitável que o povo grego tenha de sofrer as consequências de décadas de negligência» – declarou, em março de 2012, o ministro das finanças alemão, Wolfgang Schäuble (*Público*, 15/5/2012). Se o autodenominado «tratado sobre estabilidade, coordenação e governação na união económica e monetária» não fosse subscrito e ratificado por algum estado-membro, não teria este a possibilidade de se financiar, em caso de dificuldade de acesso nos mercados, pela via dos instrumentos de assistência previstos no único mecanismo de estabilidade permanente disponível (MEE); ainda assim, ficaria o estado-subscritor sujeito a rigorosas condições de candidatura e severas exigências de cumprimento das regras aplicáveis[5].

Todo este arsenal regulamentador impositivo, adotado e vigente em 2011-2012, numa altura em que estados-membros se encontravam em situação orçamental difícil – em dezembro de 2011, 23 estados-membros estavam na condição de défice excessivo (PDE) –, teve um seletivo e musculado propósito: o reforço da vertente preventiva e punitiva do PEC e o endurecimento da disciplina orçamental, com o «incremento mais ambicioso da governação económica da União Europeia e da zona euro desde o lançamento da União Económica e Monetária há quase vinte anos» – tal como se afirma num documento oficioso da União, de dezembro de 2011 (MEMO/11/898). Tudo em nome da assunção da «responsabilidade» nacional, na linguagem formal de instituições europeias ou no discurso público de atores governamentais de estados-membros mandantes. E onde fica a solidariedade?

b) *Mecanismos de apoio aos Estados participantes da zona euro necessitados de assistência financeira*

No que respeita, por sua vez, aos dispositivos de estabilidade financeira, ditos de solidariedade, destinados a apoiar os estados-membros incapazes de se financiarem nos mercados, foram ocorrendo, sempre

---

[5] Para uma abordagem mais minuciosa da governação económica e orçamental da UE e da zona euro em particular, da coordenação e da supervisão das políticas económicas nacionais e do seu reforço no contexto da crise das dívidas soberanas, ver António Martins da Silva, *Sistema Político da União Europeia: arquitetura, funcionamento e teorização*. Coimbra: Almedina, 2013, p. 273-305.

hesitantes e tardios, conforme os casos concretos a necessitarem de socorro para evitar a bancarrota do estado-membro em risco. As soluções adotadas traduziram-se, como acima se referiu, em empréstimos bilaterais, num primeiro tempo, no caso da Grécia, em mecanismos de estabilidade temporários, subsequentemente (MEEF e FEEF) – para acudir aos casos mais prementes da Irlanda e de Portugal e a outros que, mais proximamente, pudessem vir a necessitar –, e, por fim, na criação de um mecanismo permanente e formal (MEE) para prevenir e socorrer eventuais situações futuras (Espanha e Itália, na calha, à época...), o que exigiu a alteração pontual do Tratado de Lisboa. Pelo meio, a marinar, ou pelo caminho (a aguardar talvez mais premente e persuasiva oportunidade), ficaram outras propostas mais ousadas e solidárias, de que se destacam, por exemplo, a da possibilidade de emissão conjunta de títulos de dívida pública europeia, as euro--obrigações (*eurobonds*), e a da possibilidade formal de criação de um tesouro público da União.

Os fundos de socorro disponibilizados
Os fundos de emergência temporários

Com efeito, o primeiro fundo de emergência criado foi o Mecanismo Europeu de Estabilização Financeira (MEEF), dentro do quadro institucional da União, por decisão do Conselho em maio de 2010 (reg. UE nº 407/2010). Poderia disponibilizar empréstimos ou linhas de crédito até ao valor de 60 mil milhões de euros a estados-membros da União afetados por graves perturbações financeiras que não pudessem controlar; era garantido pelo orçamento comunitário, mas não necessariamente alimentado por ele (a Comissão poderia, para o efeito, contrair empréstimos nos mercados de capitais ou em instituições financeiras). O estado-membro solicitante, após avaliação das suas necessidades financeiras e uma decisão do Conselho por maioria qualificada, mediante proposta daquela instituição, ficava sujeito ao cumprimento de um programa de ajustamento económico e financeiro e de condições gerais de política económica; este programa, designado "Memorando de Entendimento", era supervisionado pela Comissão, que decidia, em função do desempenho pelo beneficiário das condições acordadas, da disponibilização das subsequentes parcelas estabelecidas para o empréstimo prometido.

De natureza diferente foi o Fundo Europeu de Estabilidade Financeira (FEEF), organismo intergovernamental, fora do quadro institucional da União, criado em junho de 2010 e registado no Luxemburgo, que poderia facultar empréstimos até 440 mil milhões de euros em garantias dadas pelos estados-membros da área do euro, proporcionalmente ao capital detido no BCE. Nesta lógica, teria como maiores "acionistas" abonatórios, a Alemanha, a França, a Itália e a Espanha, com 29,1%, 21,8%, 19,2% e 12,8%, respetivamente, em relação ao valor do fundo; excluíam-se, no conjunto, os países que tinham sido, entretanto, objeto de intervenção financeira (Grécia, Irlanda e Portugal). O FEEF funcionava através da emissão de obrigações, mas, com o adensar da crise e a possibilidade de alastramento à Espanha e à Itália, foi-lhe permitido também intervir diretamente na compra de obrigações de dívida pública no mercado, para fazer baixar os juros dos países da zona euro mais pressionados. Dada a credibilidade do fundo e as garantias dos estados-membros fiadores, foi merecedor de confiança dos mercados e da classificação alta atribuída pelas agências de notação, o que permitiu captar capital com rentabilidade baixa, subsequentemente emprestado com juros superiores aos países necessitados. Contudo, os valores cobrados das taxas foram, no início, bastante criticados como sendo excessivos, proporcionando retornos económicos questionáveis e dificuldades acrescidas à sustentabilidade da dívida dos países intervencionados; ulteriormente, os *spreads* adjudicados foram reduzidos para índices mais favoráveis, e o âmbito de ação do fundo foi também flexibilizado (com a possibilidade, nomeadamente, de intervir na compra de obrigações soberanas no mercado primário, embora a título excecional e sob rigorosas condições).

Um mecanismo permanente e formal: o MEE

Apesar da errância inicial por parte dos estados-membros da UE para encontrar soluções de apoio aos países em risco de bancarrota – empréstimos bilaterais, fundo europeu provisório (FEEF) e comprometimento polémico do FMI –, foi finalmente adotado um mecanismo permanente e formal para ir em socorro das dívidas soberanas e, eventualmente, dos bancos dos Estados participantes da zona euro, desde que os solicitantes fossem subscritores do tratado orçamental e se sujeitassem a rigorosa condicionalidade (memorando com as obrigações acordadas caso a caso), acima referido. Foi, pois, o Mecanismo Europeu de Estabilidade (MEE) – dispositivo intergovernamental, cujos acionistas são os Estados da zona euro, com subscrição ponderada de capital idêntica à do BCE (Alemanha, o maior acionista, com 27%, Portugal em posição intermédia, com 2,5%, Malta, o menor, com 0,1%), podendo, em princípio, disponibilizar recursos até 700 mil milhões de euros. Entendem alguns que o MEE é o embrião de um tesouro federal europeu, um fundo público de solidariedade, com orçamento autónomo próprio, disponível para apoiar, com a garantia europeia, os países do euro excluídos dos mercados financeiros; consideram outros ser um instrumento incipiente e insatisfatório, mas, apesar de tudo, o dispositivo possível resultante de compromissos difíceis, que conseguiu, após longas negociações, vergar egoísmos e reticências de governos, alegadamente virtuosos, indisponíveis, à partida, para ajudar países indisciplinados e governos com más políticas.

Outras propostas mais audaciosas foram avançadas, das quais se destacam duas mais verosímeis se existisse boa-vontade intergovernamental, mas sem que, por enquanto, tenham dado origem a textos

normativos. Foi o caso, que teve eco favorável no PE, da recomenda-
ção, pelo Conselho de Peritos Económicos alemães, que aconselha
o governo germânico, à formação de um pacto europeu de resgate
("Fundo Europeu de Redenção de Dívida") para a sustentabilidade
das dívidas soberanas da área do euro com a mutualização europeia
temporária dos excedentes superiores a 60% do PIB, na via decisiva
de uma união económica e orçamental. E foi sobretudo a proposta da
Comissão para a criação de obrigações europeias, ditas obrigações
de estabilidade, apresentando, para o efeito, um documento orgânico
para debate público ("livro verde sobre a viabilidade da introdução
das obrigações de estabilidade", de 23/11/2011); não foi, contudo,
revertido em projeto legislativo em virtude da oposição de alguns
estados-membros protagonizada pela Alemanha, invocando em geral
o denominado *risco moral,* ou seja, na forma escusa como foi entendida esta expressão, o perigo de desinvestimento ou de desleixo nas
políticas de austeridade (ditas de "reformas") por parte dos países
que beneficiassem dos referidos títulos de dívida conjunta, dada a
sua presuntiva atratividade.

Os países assistidos e os meios disponibilizados

O primeiro país da zona euro a ser intervencionado foi, como
tem sido redito, a Grécia, cujos montantes de dívida pública e défice
orçamental, relativos a 2009, superavam em muito (mais do dobro
e do triplo, respetivamente) os limares admissíveis pelos critérios
de Maastricht (PEC) e os valores toleráveis para um estado-membro
adotante da moeda única, o que fez soar todos os alarmes e suscitou,
por isso, a desconfiança e a indisponibilidade dos mercados credores
das dívidas soberanas. Como se narrou acima, a Grécia seria objeto,
até ao verão de 2015, de três intervenções – a primeira, em 2010, com
uma ajuda financeira no valor de 110 mil milhões de euros; a segunda,

em fevereiro de 2012, com nova ajuda financeira internacional, no valor de 130 mil milhões, com maturidade alongada; a terceira, em julho-agosto de 2015, no valor de 86 mil milhões, após um longo e penoso processo de negociação e de deselegância que fez perigar a zona euro no seu conjunto. Mesmo assim, reduzida que foi a dívida para um valor que se aproximou de 170% do valor do PIB grego, aquando do segundo resgate, e garantido o terceiro financiamento no verão de 2015, não parece credível que a Grécia seja capaz de honrar os seus compromissos e não venha a necessitar de futuras ajudas, se não se proceder a um novo perdão parcial da dívida, suportado agora pelos fiadores institucionais (FMI e MEE). Perante um cenário verosímil ou inevitável, conforme especialistas académicos e entidades institucionais, de insustentabilidade da dívida pública grega – que não cessa de crescer e atinge valores incomportáveis (perto de 180% do PIB grego nos primeiros meses de 2015), num país com uma economia pouco competitiva –, aventou-se a hipótese de este país abandonar a zona euro e regressar à moeda nacional, o que pressuporia, à luz dos tratados, retirar-se da UE e voltar a reintegrá-la, sem adesão à moeda única. Esta possibilidade (*Grexit*) – que tem tido eco empolado na opinião pública, sobretudo em momentos cruciais, e foi, antes do terceiro resgate, no verão de 2015, admitida como meio de pressão sobre o incómodo governo grego de Alexis Tsipras –, é, por múltiplas razões, improvável e, de todo, indesejável: além da dificuldade de definição de um quadro jurídico que a legitimasse, desencadearia, por certo, um turbilhão de contágio a outros países da zona euro, a começar pelos mais frágeis; e conduziria, quiçá, no limite, a uma implosão da moeda única e ao descrédito irreparável da própria União, quer, internamente, no sentimento de pertença e no imaginário dos europeus (a ideia de democracia simbolizada pela Grécia, que a inventou, a ideia europeia de solidariedade e de progresso), quer, externamente, na consideração internacional da bondade e da fiabilidade do projeto europeu.

Outros países da zona euro confrontaram-se também, como se viu acima, com a inadiabilidade de solicitarem também ajuda financeira, precipitada pelo contágio grego: a Irlanda, Portugal, Chipre, Espanha, embora neste país o apoio ficasse limitado ao seu sistema bancário. A Irlanda foi, efetivamente, o segundo estado-membro participante da moeda única a necessitar de assistência, na sequência de uma bolha imobiliária, resultante do investimento maciço do sector bancário no imobiliário local, com juros de empréstimo inferiores à inflação, o que permitiu à população do país aceder à propriedade; contudo, a inversão da conjuntura, com as dificuldades supervenientes, obrigou o Estado irlandês a ir em socorro dos bancos, capitalizando e nacionalizando, o que provocou uma crise de liquidez. Excluído do acesso ao mercado da dívida, foi compelido a socorrer-se de uma ajuda financeira, em novembro de 2010, com recursos multilaterais (FMI e FEEF) e bilaterais (de Estados nórdicos). Conseguiu, entretanto, regressar ao financiamento nos mercados, em finais de 2013.

O terceiro Estado necessitado foi Portugal, dadas as dificuldades do país em contrair empréstimos no mercado, onde os juros atingiram valores incomportáveis. As razões subjacentes, que, no caso irlandês, foram sobretudo de ordem conjuntural, são, no caso português, de natureza estrutural: prendem-se com o seu modelo económico, que não foi alvo das transformações qualitativas e competitivas desejáveis para um país que, tendo cumprido, com alguns artifícios (privatizações sobretudo do espólio empresarial nacionalizado no período revolucionário pós-25 de abril de 74), os critérios de convergência nominal, pôde assim aderir à moeda única em 1999, o que, desde então, lhe permitiu acesso fácil ao mercado de empréstimos com taxas de juro baixas; não realizou, contudo, ao longo da década de permanência no euro, as transformações expectáveis de convergência real ou de reconversão da sua economia – o crescimento médio do PIB português no último decénio foi o mais fraco da zona euro. Solicitou assistência financeira em maio de 2011, nas condições e no valor, já indicados acima, facultado este em montantes iguais por três instâncias (FMI, MEEF e FEEF).

O quarto país a ser intervencionado, com programa de assistência, foi Chipre, em março de 2013, cuja crise do sistema bancário conduziu de novo a zona euro à beira da implosão, a que não é alheia a ligeireza da primeira solução encontrada para o problema de liquidez da banca cipriota por parte dos atores envolvidos – o governo cipriota e as entidades europeias (Eurogrupo, Comissão, BCE e FMI). A solução definitiva adotada, recorda-se, protegia apenas os depósitos abaixo de 100 mil euros nos bancos em situação de falência, os dois maiores, no caso vertente: uma decisão de resgate, de referência futura, que rompia com o paradigma até então aplicado nos três países intervencionados (na Irlanda, na Grécia e, mais tarde na Espanha), que foi a de poupar todos os credores.

Assistência financeira... expressão da solidariedade europeia?

Permanecem acesas polémicas sobre o alcance e a justeza da denominada solidariedade europeia no que respeita aos fundos de assistência financeira para acudir a países que, sem outras alternativas, a eles tiveram que recorrer: além da insuficiência das medidas adotadas, difundiram-se mal-entendidos na forma como se veiculou para a opinião pública o sentido da dita ajuda europeia prestada aos estados-membros que foram alvo de programas de assistência financeira. Uma parte da comunicação social, da Alemanha e da Europa nórdica, especialmente, alguns dirigentes políticos de estados-membros (o MNE alemão, Wolfgang Schäuble, entre os mais clamorosos) e altos responsáveis institucionais da União (o ex-Comissário dos Assuntos Económicos e Financeiros, o finlandês Olli Rehn, entre os mais "austeritários"), contribuíram para cavar um fosso entre os europeus, uma divisão, quiçá, insanável, explorada de uma forma estigmatizante e displicente: propalaram uma dicotomia maniqueísta entre europeus virtuosos e disciplinados – as formigas nórdicas, «os países bons e estáveis» – e os preguiçosos e gastadores – as cigarras do sul, os famigerados PIGS (Portugal, Ireland, Greece, Spain)[6].

Em boa verdade, a denominada ajuda que os primeiros prestaram aos segundos –, além de ficar subordinada ao rigoroso cumprimento de programas de uma dureza implacável, cujos estragos políticos, económicos, sociais e morais, estão longe de estarem estancados – nada tem de altruísta, bem pelo contrário. Com efeito, os fundos europeus criados – o FEEF, primeiro, a título provisório, e o MEE, depois, a título definitivo – contraem empréstimos nos mercados, com emissões de dívida garantidas pelos estados-membros da zona euro, a juros muito baixos, quando não negativos, para, subsequentemente, emprestarem aos países necessitados; estes, por sua vez –, além de submetidos aos referidos programas de austeridade, ditos de "reformas estruturais" ("Memorando(s) de Entendimento", na linguagem formal), concebidos, no essencial, e controlados estritamente pela troica dos credores para que os devedores satisfaçam o reembolso dos empréstimos obtidos – pagam taxas apreciáveis, mais elevadas, em todo o caso, às que são cobradas pelos empréstimos dos estados--membros bem posicionados na credibilidade dos mercados financeiros. Por outro lado, alguns desses Estados – Alemanha e França, à cabeça, os maiores fiadores dos títulos de dívida institucionais emitidos –, ao impedirem, por esta via, a bancarrota de países como a Grécia, a Irlanda e Portugal, evitaram também, entre outras incontroláveis e dramáticas consequências, a falência desordenada dos seus próprios bancos, ativos no mercado bancário e muito expostos à dívida soberana destes países intervencionados, em especial à da Grécia; e, nesta perspetiva, ajudaram-se a si próprios. Além disso, a

---

[6] Para uma caraterização mais precisa das medidas de preservação da estabilidade da área do euro e de apoio às dívidas soberanas, ver id., *ibid.*, p. 305-338.

compra no mercado secundário destes ativos financeiros por parte do BCE, a partir de 2012, absorveu valores relevantes desta massa titulada, meio de "branqueamento" pelo qual a banca francesa e germânica, sobretudo, se desfez vantajosamente deste presuntivo lixo. Finalmente, desde que os países "maus" do sul – supostamente "ajudados" com a alegada "solidariedade" europeia dos países "bons" do norte – paguem as dívidas, estes lucram duplamente com as obrigações impostas àqueles: por via dos juros que deles recebem e por via dos juros dos seus próprios empréstimos, muito baixos e ocasionalmente negativos como na Alemanha, para os quais os credores fazem, em situações críticas, os seus investimentos mais seguros, com taxas de rentabilidade baixa, nula ou, mesmo, negativa. Ora, até ao fim de 2016, nenhum dos países intervencionados deixou de cumprir as suas obrigações, de amortizações e de juros, apesar de alguns atrasos por parte da Grécia antes de ser acordado o terceiro resgate, de cujo valor as primeiras somas libertadas se destinaram no essencial a pagar aos credores institucionais (FMI, BCE) as importâncias vencidas. Assim, ao contrário, os contribuintes europeus dos países fiadores e os acionistas do FMI não pagaram nada, ao invés do que têm apregoado ou pretendido fazer crer; mas receberam, e muito beneficiarão se os programas desenhados pelos credores forem bem-sucedidos. Avolumam-se, contudo, judiciosas dúvidas, se não mesmo avisadas certezas, quanto à capacidade futura da Grécia honrar os compromissos formalizados – a sua dívida, em 2012, foi já objeto, como se disse acima, de reestruturação e de perdão em cerca de metade do seu valor, mas apenas à custa dos credores privados –, dúvidas que, com menos acuidade e ruído, subsistem também em relação à dívida de Portugal, muito dependente do comportamento da economia frágil deste país.

Os estados-membros da UE e os participantes da zona euro, em particular, estão todos no mesmo barco, os desequilíbrios e as fragilidades de construção da empresa comum são de responsabilidade coletiva, os benefícios de uns não são de todo indissociáveis dos desaires de outro – por muito que contem os méritos ou os deméritos de cada um, as boas ou as más políticas domésticas –, e a perceção avisada dominante é a de que, na onda do tsunami, ou se salvam todos ou ninguém sai ileso. É, pois, neste pertinente ponto que terá de colocar-se a magna questão da alegada solidariedade europeia.

c) União bancária para completar a arquitetura federal da política monetária: um começo

A crise financeira atual começou, como se disse acima, por ser uma crise bancária em 2007 – saída do mercado dos empréstimos hipotecários americanos de alto risco (os *subprimes*), sucessivamente reciclados em produtos complexos especulativos –, rapidamente se propagou a outros bancos, tornados insolventes, atingiu as bolsas de valores, generalizou-se à economia, fustigou severamente as finanças públicas. Nalguns Estados mais vulneráveis, desencadeou abalos depressivos profundos no comportamento da economia e nas condições sociais, num círculo vicioso infernal de indisponibilidade ou de reticências creditícias continuadas por parte dos mercados financeiros, de programas de austeridade severos pelo lado dos dirigentes governativos – sob a batuta mandante das instituições internacionais e europeias da União ou fora dela –, de resultados anémicos agravados no quadro da economia real. É, segundo se tem dito, a mais grave crise económica ocorrida no mundo ocidental desde 1929; e o que começara por ser uma crise do sistema bancário/financeiro, precipitou-se estrondosamente no coração da UE, sobretudo na sua joia da coroa – a zona euro –, a partir da revelação do descontrolo das finanças públicas gregas, no início de 2010.

Independentemente de outras causas, mais subterrâneas e menos ruidosas da crise financeira de 2011, não parece haver dúvida quanto à ligação direta da acumulação de irresponsabilidades e de ganâncias de gestores do sistema financeiro com a cumplicidade crescente de dirigentes políticos – aqui, no espaço da União, como alhures –, tantas vezes partes interessadas nesta engrenagem perniciosa de omissões, de erros e de fraudes. A crise financeira revelou a vulnerabilidade do suporte em que assentava o sistema bancário europeu, porque as dificuldades de um banco imediatamente se propagavam a outros, arrastando na voragem, de caminho, depositantes e mutuantes, finanças públicas e economia no seu todo, num mar revolto, sem controlo e sem trégua. Para prevenir o colapso total do sistema bancário, os governos europeus da UE tiveram de intervir, de urgência, com injeção de dinheiro e com garantias para resgate dos bancos: entre 2007 e 2010 os bancos europeus perderam cerca de 1 bilião de euros, conforme estimativas do FMI; entre 2008 e 2011 a Comissão Europeia autorizou ajudas de Estado ao sistema financeiro no valor de 4,5 biliões de euros (37% do PIB de toda a UE); nesse período, 1,6 biliões de euros (13% do PIB anual da UE) foi efetivamente aplicado em adiantamentos aos bancos, saídos dos orçamentos nacionais ou de empréstimos afiançados pelos contribuintes atuais e futuros; até 2014 «envolveu mais de 26% do PIB da UE, gastando-se o equivalente a seis orçamentos comunitários», conforme dados do PE (Comunicado de imprensa, 15/4/2014). São montantes astronómicos, de que resultaram avultadas perdas para depositantes, investidores e, sem dúvida, para os contribuintes, sobretudo nas nacionalizações de bancos realizadas (caso BPN em Portugal) e nas intervenções ou comprometimentos dos Estados, com valores elevados irrecuperáveis. Para evitar ou atenuar crises futuras e descalabros desta natureza e dimensão, a UE, enquanto tal, teve de intervir, por sua vez, no sentido de estabilizar e reformar o sistema financeiro, com regulação mais estrita e supervisão mais apertada, para colmatar vazios normativos e reparar más práticas de gestão (imediatismo e falta de transparência das atuações, complexidade e "lixo" dos produtos vendidos ou negociados).

Num primeiro tempo (2012-2013) foram assumidos diversos pacotes normativos, entre os quais se destaca a criação de três organismos europeus de supervisão – a Autoridade Bancária Europeia (ABE), para proceder à supervisão e recapitalização dos bancos, a Autoridade Europeia dos Valores Mobiliários e dos Mercados (ESMA), para supervisionar os mercados de capitais e agências de notação de crédito, a Autoridade Europeia dos Seguros e Pensões Complementares (EIOPA), para o sector dos seguros. Seguiram-se medidas em barda, preventivas e corretivas, tendentes a uma supervisão única e a uma regulamentação uniforme, buscando reduzir a probabilidade de crises bancárias graves, protegendo a garantia parcial dos depósitos e possibilitando (por via do MEE) a recapitalização condicionada dos bancos em dificuldade. Mesmo assim, estas normas, prolixas e casuísticas, não atacavam o problema de fundo, não garantiam que outros bancos descambassem com a catadupa de sequelas do costume (caso BES, por exemplo), não apontavam para uma efetiva integração bancária, que alguns reclamaram, mas que outros, sob protagonismo tudesco, rejeitaram.

Num segundo tempo, porém, pelos finais de 2014, esta atuação reguladora evoluiria finalmente, com alguma contida cedência germânica, para um plano de faseamento da união bancária, complementando uma das lacunas da UEM. É um processo em curso, que produziu já resultados normativos relevantes para apetrechar a UE, em particular a sua zona euro, com diversos instrumentos destinados a reforçar o sistema financeiro com bancos mais fortes e resistentes e a proteger os depositantes, da perda do seu pecúlio, e os contribuintes, de suportarem doses maciças de austeridade: para que, enfim, nem uns nem outros sejam obrigados a arrostar com os erros da banca e de gestores irresponsáveis e sem escrúpulos, cortando assim as ligações perniciosas entre os bancos (fracos) e os Estados (sem liquidez). Este processo de comunitarização do sistema bancário (união bancária) tem como estrutura orgânica central o BCE, responsável pela supervisão prudencial das instituições de crédito da área do euro, a quem compete declarar a inviabilidade de um banco, neutralizando a interferência do poder político nacional. Assenta em três pilares: o Mecanismo Único de Supervisão (MUS), o Mecanismo Único de Resolução (MUR) e o Sistema Europeu de Garantia de Depósitos (SGD). O primeiro (MUS) destina-se a capacitar o BCE de atuação supervisora, uniforme e supranacional, quer diretamente no que respeita às instituições mais significativas (mais de uma centena de bancos), quer, indiretamente, no que concerne ao enquadramento das restantes (mais de 6000), instruindo as autoridades de supervisão nacionais e articulando-se estreitamente com elas, sem prejuízo de poder assumir também a supervisão de instituições menos significativas. Os dois dispositivos restantes (MUR e SGD) garantem a supranacionalidade e mutualização do apoio financeiro de última instância e imunizam o soberano pelos incidentes do sistema bancário: o primeiro para dirigir a ação de resolução no espaço da união bancária, o segundo para assegurar aos depositantes a confiança necessária seja qual for a contingência financeira do estado-membro, obrigando-os a todos a criar sistemas de depósitos num determinado valor (0,8% dos depósitos cobertos) no prazo de 10 anos.

Ou seja, e concluindo: desde 2014, a União está munida de uma estrutura de controlo único dos seus maiores bancos, primeira etapa para uma união bancária que, suportada pelo MEE, permitirá recapitalizar os bancos em dificuldade e garantir a cobertura dos depósitos bancários. Contudo, a união bancária é pouco mais que incipiente, condicionada que está pela Alemanha, ao alegar que os bancos de menor dimensão não constituem um risco sistémico, embora ou talvez porque os seus bancos padeçam de dificuldades persistentes, em particular os bancos públicos regionais e os bancos de poupança mais pequenos. Neste pressuposto, o BCE só supervisiona diretamente, como referido, menos de centena e meia dos maiores bancos da zona euro: eram 126 em finais de 2016 (dos quais, 4 portugueses – CGD, BCP, BPI e Novo Banco), que representam cerca de 82% dos ativos bancários da zona euro. Não garante, pois, a cobertura de todo o sistema bancário (exclui os pequenos) e cauciona a possibilidade de o resgate continuar nas mãos dos governos nacionais, podendo acontecer que bancos dos países ricos (Alemanha, França) possam ser resgatados e os dos países pobres, não; acresce o facto de os fundos coletivos a ser disponibilizados poderem ser modestos (55 mil milhões de euros durante oito anos, fundo para o qual os bancos da zona euro contribuem, para ser disponibilizado se for necessário acudir à resolução de instituições financeiras europeias). De qualquer modo, contribuirá, pelas potencialidades que comporta (desligar os bancos dos Estados, supervisão de uma entidade externa, cobertura dos depósitos), para devolver confiança e estabilidade ao sistema financeiro europeu, na mira de um tratamento uniforme de todos os bancos.

Restam, contudo, dúvidas pertinentes: por um lado, a lentidão na constituição de um valor confortável do denominado Fundo Único de Resolução, cobrado pelos Estados sobre os seus próprios bancos (espera-se, ao fim de oito anos, o equivalente 1% dos depósitos garantidos), e a incerteza de uma reposta eficaz e atempada, por parte do sistema, perante a ocorrência de uma crise grave; e, por outro, os contribuintes não estão isentos de riscos, embora a probabilidade de os correrem esteja agora minorada, porque, em caso de resolução, os acionistas serão os primeiros a ser comprometidos, seguindo-se os credores juniores e seniores, e, se necessário, os depositantes com mais de 100 mil euros (só os montantes abaixo deste limiar estão garantidos); e, finalmente, se esta cadeia de envolvimento não for suficiente para cobrir os custos, os bancos poderão ter necessidade de recorrer a empréstimos por via do fundo europeu, sob caução dos Estados, logo, dos contribuintes.

Uma peça chave da união bancária sustentável – o terceiro pilar – é, pois, como se conclui, o sistema comum de garantia de depósitos, parente pobre do acervo já conseguido, pois que a garantia limitada referida acima (até 100 mil euros) continua dependente da capacidade das contas nacionais para a satisfazer, o que não oferece de todo uma fiabilidade absoluta. Ora, diz a Comissão, «a moeda só pode ser verdadeiramente única se a confiança na segurança dos depósitos bancários for a mesma, independentemente do Estado-Membro em que um banco opera» (comunicado de 22/6/2015)[7]. No outono de 2015 – no quadro da implementação da primeira fase do denominado Plano dos Cinco Presidentes para concluir a UEM, de que se tratará adiante –, estava em curso uma proposta legislativa da Comissão para dar início a um Sistema Europeu de Garantia de Depósitos (SEGD). Para o efeito, ancorar-se-ia este sistema, nesta fase, num mecanismo de resseguro europeu para reforçar os sistemas nacionais de garantia de depósitos – sistemas que, conforme diretiva europeia de 2014, obrigam, em caso de insolvência do banco, ao reembolso dos valores cobertos (protegidos) num prazo máximo de 20 dias úteis, a reduzir para sete até 2024. Este mecanismo europeu seria independente do sistema nacional (que protege, em Portugal, o valor de 100 mil euros por titular e por conta bancária), mas funcionaria em paralelo com ele. Pretende-se, pois, uma proteção acrescida, mesmo ou sobretudo em períodos de tensão, por via de um dispositivo complementar de resseguro – primeiro passo para um verdadeiro mecanismo de prote-ção eficaz e confiável, onde quer que se encontre o banco no espaço da União, quando o sistema europeu de garantia de depósitos (SEGD) estiver disponível e completo[8]. É incerto, de qualquer modo, o destino que possa vir a ter por parte do legislador, e, nomeadamente, em sede de Conselho. Não parece que a Alemanha esteja para já disponível a aceitar a mutualização dos depósitos, a não ser, presumivelmente, de forma muito condicionada: invocará, por certo, como vem sendo

---

[7] Comissão Europeia – "O Relatório dos Cinco Presidentes traça um plano para reforçar a União Económica e Monetária europeia a partir de 1 de julho de 2015" (comunicado de imprensa, 22/6/2015, IP/15/5240).

[8] Commission européenne, "La Commission européenne a tenu aujourd'hui un débat d'orientation sur les prochaines mesures à prendre pour parachever l'union bancaire", 11 novembre 2015 (communiqué de presse, IP/15/6051).

hábito no discurso da liderança política germânica, a necessidade prévia de maior responsabilização nacional e, só depois, que não se sabe quando nem como, o avanço para maior integração, que parece querer dizer hoje, em alemão, adiar até ver.

d) Um instrumento europeu para relançar o crescimento: o Fundo Europeu para Investimentos Estratégicos (Plano Junker)

Uma das graves consequências da crise financeira foi a queda brutal do investimento, em virtude da falta de confiança dos agentes económicos. Segundo cálculos institucionais da UE (Comissão, BEI), a queda do investimento em 2014 (2º semestre) representava 15% menos do que antes do início da crise em 2007, embora esta baixa fosse mais drástica nos países fustigados pelas dívidas soberanas (Grécia, Irlanda, Espanha, Portugal, Itália, por ordem decrescente, com valores de -64%, -39%, -38%, -36%, -25%, respetivamente). Não surpreende, pois, que uma das críticas veementes que se fizeram às políticas de austeridade e aos memorandos de entendimento protagonizados pela troica, tenha sido a de contribuírem extremamente para a recessão económica; daí a necessidade de uma reorientação política virada para o investimento produtivo que potenciasse o crescimento.

Com efeito, após as eleições para o PE de maio de 2014, a nova Comissão Europeia presidida pelo luxemburguês Jean-Claude Juncker, ex-Presidente do Eurogrupo, sensível a um reequilíbrio do binómio austeridade-crescimento, assumiu, logo depois de tomar posse no outono subsequente, a vontade de relançar ações incentivadoras do desenvolvimento e do emprego. Nesse sentido apresentou em janeiro de 2015 uma proposta para a criação de um Fundo Europeu para Investimentos Estratégicos (FEIE) – uma estratégia centrada no crescimento à escala da União –, que o Conselho e o PE acordaram em finais de maio. Ficou conhecido por Plano Juncker. Tem como objetivo principal financiar projetos, por um período de três anos, no montante total de 315 mil milhões de euros, a que podem acrescer valores destinados aos fundos estruturais, orientados para áreas convergentes com a consecução das metas estratégicas da união, como sejam transportes, energia, infraestruturas sociais, ambiente, eficiência de recursos, conhecimento, inovação, tecnologias de comunicação e informação (economia digital), educação, cultura, saúde. As fontes de financiamento assentam em dotações orçamentais da União, no valor de 16 mil milhões de euros, a partir de programas já existentes ("Interligar Europa", "Horizonte 2020"), acrescidos de 5 mil milhões do BEI, o que perfaz 21 mil milhões euros. Destina-se esta importância a servir de fundo de garantia para cobrir riscos maiores do investimento privado, devendo este equivaler a 15 euros por cada euro institucional garantido, ou seja, no total, 315 mil milhões de euros; deste valor, uma fatia de 75 mil milhões é orientada para as PME, com menos de 3.000 trabalhadores[9].

O FEIE será gerido por uma estrutura orgânica, que deve atuar estritamente de acordo com a qualidade dos projetos, com particular atenção aos países e regiões com maiores dificuldades no que respeita ao crescimento e ao emprego, devendo a coesão ser um critério de elegibilidade, à margem das classificações atribuídas aos Estados ou às dívidas soberanas por parte das agências de notação. É composta por dois organismos: o Conselho de Direção, que define as orientações gerais e as políticas estratégicas, e um Comité de Investimento, composto por um grupo de peritos independentes com um diretor executivo, que examina e seleciona os projetos a apoiar. Para caução da parte do investimento institucional (21 mil milhões) é criado um Fundo de Garantia da UE, a partir de uma remuneração de risco, para compensar eventuais perdas no apoio aos projetos financiados.

---

[9]   Regulamento (UE) do PE e do Conselho, de 25 de junho de 2015, *JOUE*, 1.7.2015, L169/1. Ver também Comissão Europeia, «Plano de Investimento para a Europa – perguntas e respostas», de 20 de julho de 2015 (ficha informativa, MEMO/15/5419).

Em dezembro de 2016 encontrava-se em apreciação interinstitucional a proposta de regulamento que alterava o prazo e o valor do FEIE: além de introduzir melhorias técnicas, foi prolongado o prazo da vigência do fundo até 31 de dezembro de 2020, aumentado o objetivo do investimento previsto para 500 mil milhões de euros e acrescidos os valores da garantia do orçamento da UE para 26 mil milhões de euros e da contribuição do BEI para 7,5 mil milhões de euros. Nas melhorias introduzidas, registam-se a inclusão de mais setores passíveis de financiamento (agricultura, silvicultura, pescas, bioeconomia, clima, e outros setores nas regiões em transição menos desenvolvidas) e a pretensão de que o maior número possível de países seja apoiado pelo fundo10.

É difícil prever qual será o impacto real do Plano Juncker para relançar a economia europeia; mas, no ponto em que estava, no outono de 2015, a perspetiva era favorável: a resposta de estados-membros, solicitados a contribuir para o Fundo, tinha expressão favorável, e o elevado número de projetos apresentados e a aprovar até meados de 2020 convergia positivamente no mesmo sentido.

B.3. Conclusão. As respostas à crise: paliativo ou curativo?

Como se conclui, as instituições europeias e, por míngua destas, os estados-membros participantes da zona euro no quadro multilateral não estiveram de braços cruzados no desenrolar da crise: tomaram decisões e adotaram medidas para, no seu entendimento, prevenir e remediar efeitos danosos, no sentido, nomeadamente, de reforçar a supervisão das políticas económicas e prover à disponibilização de assistência financeira aos estados-membros dela carenciados; deram

---

10 Proposta de regulamento do PE e do Conselho que altera os Regulamentos (UE) n.º 1316/2013 e (UE) 2015/1017, de 14 de setembro de 2016 (COM(2016) 597 final).

início também a um processo de união bancária para neutralizar, no futuro, as ligações perniciosas entre o sistema financeiro e o soberano ou para evitar que sejam os depositantes ou os contribuintes a arcar com o aventureirismo e a irresponsabilidade de gestores dos bancos. Foram também colocados em cima da mesa relatórios ou roteiros e propostas diversas, que intencionavam atacar fragilidades persistentes e colmatar lacunas primordiais na base dicotómica em que assenta a união económica e monetária; contudo, por falta de entendimento ou por indisponibilidade da Alemanha, foram adiados, nalguns casos, ou ficaram muito aquém do que seria desejável, ou, de qualquer modo, no ponto em que estão, permanecem sem garantia fiável de exequibilidade.

Ora, a crise da zona euro, com a especificidade e gravidade atingidas, não será sustentadamente resolvida sem soluções substantivas adequadas, soluções estas que terão que ir muito para além das disposições preventivas e corretivas assumidas, no quadro do Pacto de Estabilidade e Crescimento, e dos concomitantes e subsequentes instrumentos intergovernamentais, criados para reforçar a disciplina orçamental dos estados-membros, ou para acudir, em último recurso e sob estrita condicionalidade, a dificuldades financeiras graves de países subscritores e obedientes. Se outras medidas mais consistentes não forem tomadas – o que poderá implicar, para avanços mais ambiciosos, a revisão dos tratados e/ou a constituição de cooperações reforçadas na área do euro –, as expressões agudas da conjuntura poderão ser reativadas em qualquer momento, com repercussões imprevisíveis. Tais medidas terão que ser direcionadas para colmatar a fragilidade estrutural em que assenta a união económica e monetária de Maastricht – o nó górdio do problema, o que nos remete, mais uma vez, para o enquadramento e desconstrução crítica da teia de condicionalismos e de relações de força em confronto, ao nível do poder e da sociedade civil, aquando da criação da moeda única.

C.
O NÓ GÓRDIO DO PROBLEMA:
O DESEQUILÍBRIO ORIGINAL E PERSISTENTE
DA UNIÃO ECONÓMICA E MONETÁRIA EUROPEIA
(EM BUSCA DO TEMPO PERDIDO)

C.1. Os limites da coordenação monetária europeia:
a exaustão do SME

O Sistema Monetário Europeu (SME) de 1979 – sucedâneo mais aperfeiçoado da incipiente e fugaz experiência de cooperação da *serpente* monetária dos primeiros anos da década de setenta –, ancorado em três pilares (FECOM, MTC, ECU), foi, como se disse acima, bem sucedido, pelo menos até à subsequente grave crise internacional dos primeiros anos de 90, que desnudaria as suas limitações e o esvaimento da capacidade de proteção da unidade monetária comum resultante do "cabaz de moedas" que a compunham.

Com o início da década de 90, na verdade, uma série de fatores convergiu para revelar as condicionantes do sistema: o acabamento do mercado interno unificado, decorrente do Ato Único Europeu de 1987, que finalizou as quatro liberdades, incluindo a dos capitais, que conhecera mais restrições, mas que deveria ser inteiramente concluída até 1992; a reunificação da Alemanha, no outono de 1990, que comportou custos exorbitantes com a absorção da RDA, país com uma economia pouco produtiva, que o *Bundesbank*, cioso do controlo da inflação, recusou financiar pela emissão de moeda, o que obrigou à contração de empréstimos nos mercados de capitais e, desde logo, à subida das taxas de juro no seio do SME, penalizando todos os participantes, embora alguns mais do que outros. Paralelamente, uma série de ocorrências internacionais de crise, pela mesma altura – a crise económica no Japão, a bolha imobiliária na Europa, a guerra do Golfo (1990-91) – contribuiu para adensar a ambiência de crise e fomentar corridas especulativas; por sua vez, as incertezas que pairaram sobra a ratificação do TM não ajudaram a desanuviar esta atmosfera pesada de tempestade iminente.

Se, até à primeira metade de 1992, todas as moedas dos estados--membros da Comunidade Europeia (CE), com exceção do dracma grego, participavam no MTC do SME – algumas (peseta, libra inglesa, escudo) com margens de flutuação mais favoráveis (6%) –, e outras, não comunitárias (da Suécia, Noruega e Finlândia), se ligaram à evolução do ecu, o panorama iria mudar a partir de então. Com os sinais de degradação económica a intensificarem-se, os índices dos preços a subirem (RU, Itália e Espanha) e os operadores financeiros a agitarem-se, a crise especulativa rebenta na segunda metade de 92: algumas moedas (lira e libra inglesa, com depreciação de mais de 15%), incapazes de se conterem nos limiares admissíveis, são forçadas a abandonar o MTC para flutuarem livremente; outras desvalorizam-se, as coroas sueca e norueguesa desligam-se do ecu, o franco é atacado mas defendido pelo Banco Central alemão. O panorama agrava-se em 1993: a generalidade das moedas (libra irlandesa, escudo e peseta) sofre desvalorizações apreciáveis, o franco tenta resistir com enorme esforço do governo francês. Em contrapartida, o marco alemão floresce e impera, mas foi constrangido a limitar as suas intervenções (compra de francos, venda de marcos), dada a desvalorização inerente e o risco de inflação resultante do aumento da sua oferta de moeda.

Para conter esta vertigem especulativa e evitar a implosão do SME, os 12 estados-membros (ministros das finanças e governadores dos bancos centrais) decidem alargar as margens, nos dois lados, das taxas bilaterais centrais em 15%: primeiro, no verão de 93, temporariamente, e, depois, em finais de 94 – com a persistência da depreciação do franco face ao marco –, para valer como limiar definitivo ou "normal". Uma tão ampla margem de flutuação elevava o intervalo de variação entre duas moedas para 30%, pondo seriamente em causa a qualificação de uma moeda como estável; mas terá contribuído para acalmar a situação nos anos subsequentes (95-96), e algumas moedas (re)entraram no MTC. Contudo, o SME, após bons serviços ao longo de uma década, estava agora inexoravelmente condenado: de facto –, por insuficiência ou por esgotamento, incapaz agora de suster os desvios competitivos das moedas e as repercussões assimétricas nas economias dos Estados participantes, acentuando as disparidades de desenvolvimento; e de direito –, porque o Tratado de Maastricht faseou o processo conducente à moeda única europeia, para entrar em vigor em 1997 ou, o mais tardar, em 1999.

Com efeito, apesar da relativa estabilidade monetária que favoreceu, o SME teve custos elevados ao nível da economia real em países menos competitivos (e, entre eles a França face à Alemanha): colocados perante a dificuldade de desvalorizar a sua moeda, para cumprir as margens de flutuação permitidas, veriam condicionado o crescimento económico para reabsorver o défice da balança corrente; obrigados a alinhar as suas taxas de juro, independentemente da sua situação económica, num contexto de liberdade de circulação de capitais, não poderiam tão-pouco intervir pela via do controlo dos câmbios. Em contrapartida, o país mais competitivo, a Alemanha, conheceria fortes excedentes comerciais e acumulou grandes reservas de divisas; e o marco alemão (DEM), favorecido ainda por uma política interna de controlo da inflação, catapultou-se para pivô do SME, favorecendo a evolução do sistema para uma zona do marco, e fazendo deste, na prática, uma moeda "comum", de referência efetiva ou de âncora do sistema, num quadro semelhante ao que beneficiava o dólar no sistema de Bretton Woods. O "domínio" do marco sobre todas as moedas do sistema era tão evidente que até o governador do banco central holandês, Wim Duisenberg (que viria a ser o primeiro governador do BCE) expressivamente se queixou, prisioneiro que estava da necessidade de realinhar o florim neerlandês (a moeda participante do sistema mais virtuosa a seguir a alemã) com o marco: a sua autonomia – declarava em meados da década de oitenta – durava «exatamente 30 segundos, o tempo de tomar conhecimento da decisão tomada por Frankfurt [sede do *Bundesbank*] em matéria de taxa de juro e de se alinhar em conformidade»[11].

Resumindo, os ataques às taxas de câmbio, no quadro do SME, nos anos de 1992-93, ao criarem uma instabilidade generalizada, obrigando à saída de várias moedas do sistema, e ao fustigarem gravemente o franco francês, salvo a custo pelo marco alemão, fizeram perigar o mercado comum unificado e ditaram enfim a exaustão do SME. Este, sobrevivendo formalmente com o alargamento das margens de flutuação para 15%, permanecerá, contudo, em estado agónico – o que tornou imperativa uma solução substitutiva adequada que garantisse a sustentabilidade do mercado interno. Uma tal solução – esgotada que foi a cooperação monetária, que, sob o invólucro formal de uma unidade de conta, conduzira de facto a uma moeda comum, o marco alemão, que "dominava" as restantes moedas do sistema – só poderia ser a de uma moeda única.

C.2. O objetivo da UEM: inevitabilidade ou fuga para a frente?

C.2.1. As origens da moeda única:
do plano Werner ao plano Delors

Foi, pois, neste contexto que se colocou seriamente a questão da união monetária europeia. Independentemente de crise dos anos 90,

---

[11] Apud Benjamin Angel, *L'Union économique et monétaire: Manuel général*. Paris: Ellipses, 2006, p. 16.

que determinou a urgência da sua implementação, a discussão e a possibilidade já vinham de trás: fora objeto de uma iniciativa de Willy Brandt, na cimeira da Haia em finais de 1969, que a propusera aos seus parceiros. Deu origem, no ano subsequente, ao célebre e ambicioso plano Werner, de integração económica e monetária, que apontava para uma união política, a partir de um centro comum de decisão, independente dos governos. Não foi tal integração, porém, do agrado da França, que não abdicava do controlo da sua moeda, e ficaria pelo caminho, no limbo das boas intenções, em favor de uma mera aborda-gem da cooperação monetária, traduzida, na sequência da tempestade monetária de 1971, na denominada serpente dentro e fora do túnel do dólar e seria prosseguida, após o fracasso desta, no SME. O assunto seria retomado mais tarde, com o plano Delors de 1989 (faseamento da união económica e monetária), como corolário do mercado interno unificado, concluído pelo AUE, e como solução para as insuficiências do SME perante as dificuldades crescentes de reajustamento em contexto de crise. Múltiplas vantagens eram então apontadas: económicas – a otimização do mercado único, o controlo da inflação, o acesso a taxas de juro no mercado favoráveis, a potencialidade de desenvolvimento comum equilibrado, a acreditar nessa "bela falsa ideia" de que a união monetária reduziria as disparidades entre Estados e entre regiões; mas também políticas – o fim do "domínio" do marco, vantagem indiscu-tível para a França e para outros países "dominados" (Benelux, Itália, Áustria), a possibilidade da sua intervenção nas decisões de política monetária enquanto participantes da moeda única, a aceleração da união política repercutida por sucessivos encadeamentos. Contudo, os riscos ou os inconvenientes foram igualmente alertados: o maior, a perda da moeda própria, que impossibilitava, desde logo, a utilização deste instrumento de política económica nacional para fazer face a choques ou a dificuldades de natureza diversa.

No plano doutrinário e político, extremaram-se dois campos anta-gónicos: de um lado, o liberalismo anglo-saxónico e o posicionamento britânico eurocético, em oposição frontal com qualquer possibilidade de união económica e monetária; do outro, a perspetiva continental, mais ou menos europeísta, que defendia esta união, com expressivas diferenças de entendimento, nomeadamente entre o ponto de vista francês e o alemão – com vigor e rapidez, no caso do primeiro, com reservas e condições quanto ao alcance e ao prazo de implementação, na ótica do segundo.

C.2.2. As posições doutrinárias e políticas em confronto

a) O plano Major de "ecu forte"

A posição doutrinal anglo-saxónica inglesa – que rejeita, à partida, qualquer compromisso de supranacionalidade –, era perentória, apesar das ilusões teóricas em que se apoiava: a moeda é um símbolo e um instrumento inalienável de soberania; a estabilidade da taxa de juro não é, por princípio, desejável (apesar de a ela se obrigar quando integrou, em 1990, o MTC do SME); a estabilização da taxa de câmbio não favorece o crescimento económico (cuja manipulação pouco serve quando a economia é dominada e a moeda é fraca) – desvalorizar é estimular as exportações (como se um país industrializado pudesse competir com um país em vias de industrialização, se não se espe-cializar em produtos de qualidade para os quais a comparação dos preços conta pouco); a libra é uma moeda internacional de reserva (de facto, ocupava uma posição quase irrelevante desde o começo dos anos 70 – 2 a 3% –, pouco mais do que o franco francês).

No plano institucional, o posicionamento político dos britânicos, conservador ou trabalhista, era irredutível: rejeição da união econó-mica e monetária em favor de um grande mercado de livre e total circulação, uma Comunidade de nações mercantis, arredia a envolvi-mentos supranacionais e, de todo, avessa a qualquer transferência de soberania monetária. Ao objetivo da moeda única do plano Delors, o governo britânico contrapôs o seu próprio plano de uma moeda comum, do objetivo de um *Ecu forte*, defendido primeiro por M. Thatcher e retomado, em1990, por John Major, que lhe sucedeu (*Plan Hard Ecu* ou "Plan Major"). Este robusto ecu decorreria por força das coisas: perante uma concorrência total de todas as moedas do SME (sem ecu, a unidade de conta), intercambiáveis, caminhar-se-ia para uma zona monetária de moeda comum ou paralela, ou seja, da moeda mais forte, porque esta eliminaria as "más moedas" dos países fracos (menos desenvolvidos, mais inflacionistas), impondo--se, assim, como meio de pagamento nas trocas comerciais entre os Estados dentro da zona. Só que esta proposta inglesa, crente na neoliberal bondade da "mão invisível" do mercado, padece de incongruências e de fragilidades percecionáveis, difíceis ou impossíveis de superar, mesmo em benefício próprio: como é que o "ecu forte" se imporia sobre o marco alemão, que se tornara de facto, no quadro do SME, a moeda comum, escondida ou não na unidade de conta do sistema? Acreditariam ingenuamente os insulares na superior qualidade da libra esterlina sobre o marco alemão (o diferencial, à época, nos desvios da inflação entre o RU e a Alemanha era de 4 para 1, ou seja, 9%, naquele, 2,5%, nesta), na vantagem propulsora do poder financeiro da praça de Londres, na força potencial da sua economia, que se imporia no mercado da zona? Ou o seu alegado plano de *ecu forte* mais não era do que uma manobra de diversão para contornar o plano Delors e neutralizar a possibilidade da união monetária? Era esta – dividir para reinar, ou adiar para evitar – uma tática inglesa vezeira sempre que se colocavam iniciativas continentais tendentes à unificação europeia: foi assim desde o "laço federal" do memorando Briand proposto pela França na SDN – rejeitado e remetido, por iniciativa britânica, para um inefável e ineficaz comité –, à união aduaneira, no quadro da OECE – recusada e postergada pelos ingleses, pela sua alegada complexidade, para um inconclusivo grupo de estudos; sê-lo-ia também com a instauração da CECA e da CEE – combatidas até ao limite pelos súbditos de sua Majestade. Porque deveria ser diferente agora com a pretensa criação de uma moeda única europeia?

Naturalmente, a proposta britânica não teve acolhimento nos parceiros comunitários, que a rejeitaram: não garantia a eficácia de um sistema monetário de moedas múltiplas, a concorrerem livremente pela disputa da supremacia que eliminaria todas as outras, com exceção de uma, cujo destino parecia traçado; não se percebia como pudesse promover a convergência e o desenvolvimento económicos da zona. A intransigência irredutível de Thatcher e a inconsistência do plano redutor de *ecu forte* colocariam o RU isolado e fora da corrida, deixando de ficar associado às discussões: o plano Major, que se produziu como contraproposta ao plano Delors, facilitou a vida, assim, a esta proposta concorrente de união económica e monetária, protagonizada pelo Presidente da Comissão. Mas haveria outros escolhos a superar.

b) O posicionamento europeísta:
a potencialidade integradora da moeda única

No outro extremo da barricada estavam os europeístas que, nesta matéria como noutras, defendiam quaisquer avanços que propulsassem o aprofundamento da integração europeia; logo, no caso vertente, o projeto radical da moeda única, de união económica e monetária. Mas existem nuances sensíveis no campo do europeísmo. A corrente federalista clássica projeta-se tradicionalmente na ambição dos Estados Unidos da Europa, embora esta fórmula tenha, na atualidade, versões diferenciadas, mais adequadas à realidade histórica e cultural da Europa, que não se identificam de todo com o modelo matricial dos EUA; é, de qualquer modo, defensora de um projeto político europeu, assente numa constituição dimanada dos povos europeus e em instituições democráticas no quadro de um sistema federal próximo do modelo suíço. Todavia, a dificuldade em erguer a Europa unida pela via política, dadas as resistências dos Estados ou das nações, conduziu os pais fundadores a privilegiarem uma construção por etapas, a partir da congregação de interesses solidários em torno de sectores concretos, da indústria pesada (carvão e do aço) ao mercado comum, na convicção de que, vencida uma etapa, outras se seguiriam, por força da própria dinâmica integradora: a obtenção de resultados positivos num domínio impulsionaria, para a sua otimização, a vontade de avanços comuns noutros sectores, e assim sucessivamente, no encadeamento automático do processo, até à união política, que só poderia ser federal e democrática. Influenciados pela teoria funcionalista das relações internacionais confiavam mais na capacidade dos técnicos e na iluminação dos intelectuais do que nos jogos de poder dos políticos nacionais, amarrados aos particularismos domésticos, sempre permeáveis ao circunstancialismo eleitoral, às errâncias ideológicas e partidárias, mais sensíveis ou mais resistentes ao projeto europeu.

Ora, no contexto do AUE, de finais da década de 80, a conceção do plano Delors, de construção de união económica e monetária em três fases, na última das quais se introduzia a moeda única, era inspirada por esta abordagem neofuncionalista, como o próprio ex-Presidente da Comissão (J. Delors), que dera o nome ao plano, assumiria mais tarde. Se, ao nível institucional e na ótica de interesses e de perspetivas dos estados-membros, nem todos estavam de acordo quanto ao alcance material do grau de integração económica e de cedência de soberania decorrente para a realização da união monetária, irmanava-os em geral a vontade comum de acelerar a implementação da moeda única, mesmo que os compromissos políticos conseguidos fossem insuficientes: viriam estes por acréscimo, mais cedo ou mais tarde, por virtude impulsionadora daquela. Mas o entusiasmo europeísta, na forma como a moeda única se concebia e perspetivava, não era partilhado, do mesmo modo, pela Alemanha, no espectro político e, sobretudo, na ortodoxa visão do poderoso *Bundesbank*.

c) O ordoliberalismo e o posicionamento germânico: união monetária sim, mas...

No meio termo, entre o liberalismo puro e duro anglo-saxónico e o europeísmo continental institucionalista, da França e quejandos – que acreditam na força das instituições (caraterística histórica francesa de centralização dos poderes públicos) e valorizam o Estado social e um certo intervencionismo keynesiano ou colbertista – situa-se o posicio- namento doutrinário e político alemão: o ordoliberalismo. É esta uma doutrina económica, configurada pelas especificidades trágicas e trau- máticas da vivência histórica da Alemanha do séc. XX. Surgida nos anos 30, na sequência de uma crise económica terrível e de uma inflação extrema, particularmente penosa na Alemanha da década de 20, tenta construir pontes entre o utilitarismo clássico e o doutrinarismo marxista, entre o liberalismo anglo-saxónico, que conduziu à crise de 1929, e o comunismo soviético. É, em suma, uma espécie de "terceira via" entre estes dois extremos: uma economia de mercado caucionada por uma concorrência «livre e não falseada» e regulada por alguma intervenção institucional quanto baste – «a concorrência tanto quanto possível e a intervenção pública tanto quanto necessária», assim definida por Karl Schiller, no quadro do «modelo renano» de capitalismo. É defensora da liberalização da economia, no quadro de uma ordem económica e social justa ("economia social de mercado"); mas não postula a crença na virtualidade da "mão invisível do mercado" – este não se regula espontaneamente, é preciso equilibrá-lo por via institucional, regulá-lo tanto quanto baste, mas não "domesticá-lo" tanto quanto o pretendem os keynesianos. Assenta em quatro pilares: respeito pela propriedade privada, liberdade de mercado regulada, equilíbrio das finanças públicas, estabilidade dos preços. Esta última, em particular, tão sensível quanto vital, garantida por um banco central, forte e independente, tão imperativo quanto constitucional, é, deste jeito, uma marca alemã, que deixaria marcas expressivas na forma como se acordou o Tratado de Maastricht e, no caso vertente, se ditou a organização e o funcionamento da UEM.

Com efeito, a Alemanha não era, por princípio, contra a moeda única. Considerava que seria um corolário, no corrume do tempo, do grande mercado europeu, unificado e coeso. Mas, não se opondo, também não pedia nem estava interessada na sua implementação próxima: o marco (DEM) tornara-se, já acima se disse, a moeda pivô no SME, a moeda comum, de facto, da zona, com as vantagens decorrentes de uma tal supremacia (não tinha a Alemanha que se preocupar com a estabilização dos câmbios nem com as reservas monetárias, logo, poderia concentrar-se na estabilidade dos preços e no desenvolvimento económico – vantagem enorme, no «triângulo de incompatibilidade» de Mundell[12], que os outros parceiros não usufruíam), e, por conseguinte, o seu desaparecimento, num quadro de união monetária, ser-lhe-ia, à partida, prejudicial; entendia, por outro, ou por isso, que a moeda única só poderia ocorrer como «coroamento» da convergência real das economias dos Estados candidatos – "tudo vem a seu tempo", e, até lá, "convirjamos, convirjamos", "não se põe o chapéu antes de estar vestido"[13], não se começa a casa pelo telhado, dir-se-ia em português vernáculo. De qualquer modo, a haver cedências, a estabilidade da

---

[12] «Triângulo de incompatibilidade», «triângulo impossível» ou «triângulo de Mundell (do nome do economista canadiano, Robert Mundell, que o caraterizou em estudos da década de sessenta, nomeadamente em «Capital mobility and stabilization policy under fixes and flexible exchange rates», *Canadian Journal of Economics and Political Science*, nº 29, 1963). Resume-se assim: a impossibilidade ou a incompatibilidade, no longo prazo, de dispor em simultâneo de câmbios estáveis (ou muito enquadrados, como no SME), de mobilidade dos capitais e de uma política monetária autónoma (apud Edwin Le Héron, *À quoi sert la banque centrale européenne ?* Paris: La Documentation Française, p. 24).

[13] Jean-Pierre Patat, *Histoire de l'Europe monétaire*. Paris: La Découverte, 4éme éd., 2005, p. 45 e segs.

moeda, verso-reverso da estabilidade dos preços, ao cuidado de um fiável banco central independente e poderoso, é matéria inegociável – é eixo central da política e mentalidade germânicas. Sejam, pois, quais forem as regras do jogo ou o compromisso a dirimir, a moeda europeia só assim poderia ser: estável e alicerçada numa sólida estrutura central, à margem dos corrupios políticos ou das conveniências governativas, que resultasse de um longo processo de aproximação das economias.

C.3. O compromisso político fundador da UEM: a união económica que não houve

C.3.1. O Plano Delors: um compromisso razoável entre as posições francesa e alemã

O Plano Delors – saído do comité, dirigido pelo então Presidente da Comissão, que os chefes dos executivos dos países comunitários decidiram criar, na cimeira de abril de 1988, para «estudar e propor as etapas concretas conducentes à união económica e monetária» – terá condescendido com este vital sentimento alemão. Por isso mesmo, mas também pela crença de Delors na engrenagem funcionalista (*spillover effect*), o grupo que o preparou era composto essencialmente por peritos e, entre eles, maioritariamente, os doze governadores dos bancos centrais dos estados-membros, e não pelos ministros das finanças, conhecida que era a resistência de uma boa parte ao projeto da moeda única; habilmente, Jacques Delors passava assim a bola ao governador do *Bundesbank*, que teria de entender-se com os seus pares. As resistências foram limadas: do lado mais ganhador (ordoliberal), um banco central federal com total independência para se concentrar na inflação, um processo a prazo, um decénio para realizar a convergência; do lado não perdedor (europeísta), uma moeda única, num prazo aceitável, com enorme potencialidade integradora e federal, que aceleraria o sentimento de pertença à Europa, arrastaria a necessidade ulterior de um governo da União, com políticas económicas comuns, orçamentais e fiscais, e fomentaria a solidariedade europeia e outras acrescidas valências unificadoras. Todos ganhavam, embora uns mais do que outros: para os europeístas, o ganho real era, em si mesmo e no imediato, insuficiente. Contudo, a vantagem potencial era de monta: a moeda única – instrumento que, sendo neutro para os ordoliberais, se configurava, para os europeístas, quase como entidade política, gera-dora de impulsos agregadores – colmataria sucessivamente, pela sua pressão repercussiva, sobretudo em contexto de crise, as insuficiências que a enformavam desde o inicio; e, assim, pela sua potencialidade embrionária, a convergência económica realizar-se-ia por força das coisas e mais aceleradamente do que o julgariam os alemães – logo, seria desejável abreviar o calendário.

O relatório Delors, na forma como foi arquitetado era uma estra-tégia inovadora e equilibrada. Era pragmático quanto ao conceito de união económica e monetária introduzido: uma moeda única sob os auspícios de uma nova instituição europeia e sob caução de uma es-treita coordenação das políticas económicas nacionais e a fixação de um limite vinculativo de défice. Era interessante quanto ao faseamento proposto em três etapas: a primeira partir de 1 julho de 1990, para a coordenação das políticas económicas e monetárias; a segunda, sem data fixada, para a consecução dos objetivos de convergência econó-mica, a criação de um sistema europeu de bancos centrais (SEBC) e a mutualização de uma parte das reservas cambiais; e a terceira, com a implementação de uma política monetária única suportada em regras orçamentais obrigatórias. Era, sem dúvida, um compromisso equilibra-do entre as duas posições em presença (alemã e francesa): foi, pois, aprovado por todos os membros do grupo de trabalho, incluindo o representante britânico. Faltava agora o aval político.

Foi o relatório bem acolhido na cimeira do Conselho Europeu de Madrid em finais de junho de 1989, contrariado apenas pela

apresentação do contraprojeto britânico, referido acima, cujo liberalismo extremo não convenceu os outros governos; não precisando de
alteração dos tratados, entenderam os Doze passar logo à primeira
fase na data indicada, relativa ao acabamento do mercado interno.
Concordantes quanto à generalidade do plano ou do objetivo, faltava
dirimir pormenores essenciais: como e quando no que respeitava
às fases segunda e, sobretudo, terceira, para início da moeda única.
Muitas coisas estavam, entretanto, a acontecer, que dariam um novo
rumo à história do pós-segunda-guerra, com incidência direta no
enquadramento geoestratégico da Europa e na evolução do projeto
comunitário; que facilitariam, na matéria vertente, a aproximação
das posições na parceria franco-alemã e o aceleramento do processo
conducente à união económica e monetária.

C.3.2. O Tratado de Maastricht e sucedâneos:
a UEM – uma balança muito desequilibrada

a) Um consenso político empurrado pela história: a Alemanha
abdica do marco, e a moeda única torna-se certeza

A reunificação da Alemanha iminente, precipitada pela queda do
muro no outono de 1989, não agradava à França e ao RU, tendo em
conta o acréscimo de influência alemã resultante e a potencial deslocação do centro de gravidade para leste ("derrotámos os alemães
duas vezes, mas eles agora estão de volta" – terá dito M. Thatcher).
Favoreceria, contudo, como moeda de troca, a posição europeísta,
pela pressão exercida sobre a resistência alemã quanto à perda do
marco e quanto ao encurtamento do calendário para a união monetária, reduzindo o período de transição da convergência económica.
O chanceler alemão Helmut Kohl, viria a decidir, sem dar cavaco aos
seus parceiros europeus, converter ao par o marco da RDA ao da

RFA (1 = 1), de valores reais muito desiguais porque suportados em economias muito assimétricas (a produtividade do leste alemão representava menos de 1/3 da do oeste). É uma corajosa decisão política, justificada por razões simbólicas e humanas, em total dissonância com o credo germânico da independência do seu banco central, que dogmaticamente se opunha a uma tão sacrílega intromissão; na prática, uma tal sentença debilitava o argumentário alemão em sacrificar o marco à moeda única europeia, porque assim procedia em relação ao marco do leste. Na cimeira de Estrasburgo em dezembro de 1989, Kohl decidiu apoiar o plano Delors, o que implicaria abandonar o marco, abdicando do símbolo do poderio económico da Alemanha reconstruída, desde que se acatasse um BCE independente, baseado no modelo do *Bundesbank*. Pretendeu com isso demonstrar aos parceiros comunitários a sua firme disposição em ancorar a Alemanha reunificada a oeste – o último chanceler germânico, presumivelmente, que, tendo conhecido guerra, o poderia fazer, segundo ele; deixava cair, contudo, a unificação política (económica) europeia, condição prévia que defendia e reputava de necessária para a realização da união monetária. Assim, num contexto histórico de euforia e de desassossego, que poria fim à divisão da Europa do pós-guerra, o consenso foi obtido, empurrado por acontecimentos espetaculosos, num abalo de descompressão e de rompimento de amarras. A UEM era uma certeza; restava ainda saber quando.

Decidida a convocação de uma conferência intergovernamental (CIG), naquele final de 1989, para ajustar pormenores importantes e preparar a acomodação necessária ao tratado, foi o compromisso político firmado após dois anos de negociação. Um novo tratado, dito de Maastricht, seria subscrito a 7 fevereiro de 1992, mas as ratificações nacionais seriam dirimidas a custo nalguns Estados: de forma tangencial em França, no referendo convocado para o efeito (51%); com limitações relevantes na Alemanha, cujo tribunal constitucional considerou incompetente a União para levantar impostos, o que restringia a eficácia futura do funcionamento comunitário; com derrogações expressivas na Dinamarca e no RU (possibilidade de ficarem fora da moeda única, mesmo que cumprissem os critérios exigidos). O tratado, de qualquer modo, introduziria duas alterações maiores em relação ao plano Delors em que se baseava: as orientações orçamentais não seriam obrigatórias, e o SEBC vigoraria apenas a partir da terceira fase, permanecendo nos bancos centrais dos Estados as respetivas competências, coordenadas multilateralmente. Não respondeu com justeza a questões diversas que se colocavam no relatório, como seria a da necessidade de coerência política entre as duas vertentes (económica e monetária), a subordinação supervisora das políticas orçamentais ao serviço da política monetária, arredada de quaisquer objetivos de política económica no plano comunitário, a ausência de controlo democrático do novo mecanismo constitucional, ao qual nem o cioso banco central alemão escapa. Diluiu, em suma, pelo desequilíbrio dicotómico que introduziu, a coerência e a obrigatoriedade implícitas para que apontavam as implicações políticas na aplicação de diversos aspetos da componente económica da moeda única.

A Alemanha que não queria a moeda única, mas que não a enjeitava expressamente no longo prazo – quando mais integração fosse realizada (sê-la-ia, ou desejá-la-ia, com o marco como "moeda comum" da zona do mercado interno europeu?) –, é (será) a grande vencedora deste jogo, no qual detinha já, à partida, uma dianteira económica confortável e um protagonismo monetário indiscutível: conseguiu, pois, fazer valer as suas exigências inegociáveis e cedeu, quanto baste, em favor do compromisso político possível.

b) Critérios de convergência assentes em pés de barro

O tratado estabelecia formalmente uma União Económica e Monetária (UEM), cujo paralelismo das duas vertentes fora defendido por muitos, mas que, no rescaldo final da negociação, ficara muito aquém do expectável. Recordando sumariamente o que acima se disse, ancorava a união monetária, a vigorar na terceira fase (em 1997 ou, o mais tardar, em 1999), num sistema de bancos centrais, cuja trave orgânica, o BCE, decalcado no *Bundesbank*, teria como missão fundamental conduzir uma política monetária e cambial únicas. Subordinava-se esta política ao «objetivo fundamental da estabilidade dos preços» e, subsidiariamente, «sem prejuízo desse objetivo, [a]o apoio às políticas económicas gerais, de acordo com o princípio de uma economia de mercado aberto e de livre concorrência» (conforme formulação consolidada no art. 119° do TFUE, no atual TL). Era-lhe vedado fazer empréstimos às administrações e empresas públicas dos estados-membros bem como às instituições ou a quaisquer entidades orgânicas europeias (a denominada *no bail-out clause*, consolidada no art° 125° TFUE do atual tratado de Lisboa). Com a livre circulação dos capitais realizada na 1ª fase (1/7/90-31/12/93), os estados-membros, para acederem à moeda única ficavam sujeitos a um processo de convergência, a realizar na 2ª fase, com início a 1 de janeiro de 1994, podendo, os atuais e os futuros membros, beneficiar de derrogações temporárias até estarem devidamente habilitados para integrar a moeda. A convergência perspetiva-se em três dimensões: jurídico-política, que obrigava à compatibilidade da legislação nacional com os tratados e dos estatutos do banco central nacional com os do BCE; monetária, que seria garantida pelo Instituto Monetário Europeu (IME), entidade orgânica temporária criada para o efeito, ou seja, para coordenar as políticas monetárias, reforçar a cooperação entre os bancos centrais nacionais e preparar a introdução da moeda, após a qual seria substituído pelo BCE; e económica, caucionada ao cumprimento de critérios, ditos de convergência, obrigando-se os Estados a respeitar limites de défice, de dívida, de inflação e de taxas de juro, além da permanência ininterrupta, nos dois anos precedentes, no MTC do SME e do inerente respeito pelas margens de flutuação previstas.

Estes critérios, ditos também de Maastricht, destinavam-se, conforme o tratado, à «realização de um elevado grau de convergência sustentada» ou «de caráter duradouro»: não passavam, contudo, de critérios de convergência nominal, com os limiares estabelecidos em protocolo anexo, calculados com base em valores médios de referência conjuntural. Dois deles, os limiares do défice (3% do PIB) e da dívida (60% do PIB), seriam fixados como índices balizadores para evitar défices excessivos aos estados-membros, com possibilidade sancionatória, ulteriormente restringida aos participantes na moeda única, se, contra todas as advertências, os infringissem – matéria que seria conformada no denominado Pacto de Estabilidade e Crescimento (PEC), analisado acima.

Na verdade, os ditos critérios de convergência, e, sobretudo, os do défice e da dívida, transpostos para o PEC, carecem de fundamentação teórica e, enquanto índices mínimos, pouca base de suporte terão para assegurar a convergência «sustentada» e «duradoura». O valor do critério do défice (3%) foi inicialmente proposto pela França, com base no cálculo (de défice) que este país perspetivava ter nos princípios da década de 90, entendido como presumível dispositivo estabilizador da dívida pública, «sob certas condições de crescimento e de taxas de juro reais»[14]. O montante do critério da dívida (60%) correspondia a um valor médio do endividamento dos estados-membros à época (entre 120% na Itália e na Bélgica e 30% em França), e não foi levado muito a sério aquando da avaliação dos Estados candidatos à entrada na moeda única: seria então mitigado no quadro de uma apreciação "de tendência" e acondicionado a artifícios circunstanciais utilizados pelos governos para reduzir o valor nominal da dívida (privatização, no caso de Portugal, do espólio empresarial nacionalizado no pós-25 de abril); e seria o valor apresentado de duvidosa fiabilidade, por parte de alguns Estados candidatos, porque se baseava em cálculos

---

[14] Idem, *ibid.*, p 86.

provenientes de sistemas contabilísticos e estatísticos nacionais sem critérios homogéneos.

Ou seja, respeitam, de qualquer modo, os referidos critérios a projeções ou propósitos de política macroeconómica, subestimando aspetos fundamentais da convergência real, tais como a capacidade e a especialização produtivas, a competitividade e a eficácia económicas, o conhecimento e a inovação tecnológica, a fiscalidade e a estrutura orçamental, o nível e a natureza do desemprego, os sistemas social e de saúde, entre outras variáveis ou condicionantes que garantissem no futuro a aproximação estrutural do nível de desenvolvimento dos estados-membros, a convergência real, a coesão económica e social, a otimização da zona monetária do euro, tornando-a capaz de resistir a choques assimétricos. Contrariamente, o que aconteceu foi o alargamento do fosso entre os mais e os menos desenvolvidos, que não se justifica simplesmente porque alguns Estados, os virtuosos do Norte (com a Alemanha à cabeça), fossem cumpridores mais zelosos dos critérios do que outros, os desleixados do Sul (com a Grécia como mestre da fanfarra). Para evitar ou prevenir que isto fosse assim, a UEM, traçada em Maastricht e prosseguida nos tratados subsequentes sem alterações assinaláveis, deveria ter sido calibrada ou oportunamente corrigida com políticas públicas e dispositivos orgânicos adequados, que contrabalançassem a ausência de um governo económico da União, que a moeda única, só por si, não potenciou, ao contrário do que era expectável por parte dos que, à época, acreditaram no automatismo da engrenagem.

c) Uma união económica formal que nunca o foi de facto: coordenação e supervisão das políticas económicas nacionais

Com efeito, a grande perdedora da UEM foi, sem dúvida, a vertente da união económica. Se a união monetária foi totalmente federalizada, as políticas económicas e financeiras ficaram reféns dos estados-membros. A União Europeia, ficou privada, assim, desde Maastricht, de ter uma política orçamental e fiscal compatível com o elã integrador que, alegadamente, deveria ser potenciado pela moeda única para reduzir desníveis de desenvolvimento entre estados-membros e compensar, em situações críticas, os inevitáveis choques assimétricos entre Estados ou entre regiões. Com um quadro financeiro plurianual, cuja aprovação está sujeita à unanimidade do Conselho e cujo valor substancial depende das contribuições dos estados-membros – com a eterna guerra entre contribuintes líquidos e beneficiários líquidos, cheque britânico e aparentados, PAC e fundos estruturais –, entorpece-se o funcionamento da União, amarrado a um orçamento medíocre (1% do PIB de toda a União, muito longe do valor médio percentual da casa das dezenas de que beneficia um Estado federal). Sem competência fiscal própria para obviar a este constrangimento – a criação e alteração de receitas estão dependentes da unanimidade dos governos dos estados-membros e da respetiva ratificação interna –, a União torna-se prisioneira de si própria: por muito que queira, por iniciativa da Comissão e por vontade do PE, produzir políticas públicas que vão ao encontro das necessidades dos cidadãos, de nada lhe serve se o Conselho não partilhar a mesma premência, ou seja, se os governos, que nele estão representados, não deixarem. Excetuando, pois, a política monetária comum para a zona euro e as competências exclusivas e as partilhadas com os estados-membros destinadas, em geral ou sobretudo, à otimização do funcionamento do mercado interno – união aduaneira, regras da concorrência, política comercial comum, conservação dos recursos biológicos do mar, no caso das primeiras, e, no que respeita às segundas, aspetos ligados à circulação dos trabalhadores e à defesa dos consumidores, ambiente, energia transportes, agricultura e pescas, entre outros domínios sectoriais e específicos, de interesse comum ou transeuropeu, condicionados ao cumprimento daquele objetivo –, em tudo o resto, que é muito, só os Estados são competentes: são-no, nomeadamente, no que à economia concerne, na indústria, nas políticas económicas estruturais, nas políticas sociais e nas do emprego, pensões e mercado de capitais – redutos soberanos em que não houve transferências de poder para a União.

Coordenação aberta das políticas económicas nacionais ao nível da União: magreza de resultados

Contudo, os tratados, ao estabelecerem que as políticas económicas são da competência soberana dos estados-membros, consignaram também que devem estas ser coordenadas ao nível da União: os Chefes de Governo e de Estado definem as grandes orientações de política económica (GOPE), em sede de Conselho Europeu; os ministros, num quadro de vigilância multilateral, formulam recomendações, no âmbito do Conselho; a Comissão assiste e vigia, produzindo documentos propositivos e relatórios de balanço. Pretende-se, com esta coordenação e vigilância favorecer a convergência de todos os estados-membros, fomentar um desenvolvimento equilibrado e competitivo e garantir a estabilidade económica, financeira e monetária no conjunto da União.

Com o avanço da globalização – acelerado pelo desarmamento alfandegário e pelo peso crescente no mercado mundial de economias emergentes (China, Índia, Brasil, entre outros) –, os estados-membros, para responder aos grandes desafios do mercado global, deram-se conta da necessidade de reforçarem a coordenação das suas políticas económicas, de uma forma mais franca e cooperante. Para o efeito, deveriam confrontar as experiências de cada um, aconselhando-se reciprocamente as melhores práticas, e definir estratégias sectoriais e gerais para a consecução de metas quantitativas e objetivos de políticas qualitativas, suportadas pela inovação e pelo conhecimento, pela energia limpa e por um ambiente sustentável. Nesse sentido, acordaram programas estratégicos gerais de médio prazo, de que se destacam a Estratégia de Lisboa, a primeira, para a década de 2001-2010, e, a segunda, Europa 2020, para o decénio 2011-2020, entre outros mais sectoriais. Definem estas estratégias intenções virtuosas, objetivos ambiciosos, mas que, na maior parte dos Estados, falharam ou produziram resultados escassos, muito aquém das metas propostas – fracasso a que não é alheia a fragilidade dos instrumentos em que se apoiam. Assentam os referidos programas, no quadro da União, naquilo que se convencionou designar por método aberto de coordenação (MAC), ou seja, em orientações incitadoras e assentimento de objetivos, recomendações mútuas e reparos não estigmatizantes, partilha de informações e troca de experiências (melhores práticas), avaliação mútua dos resultados, com base em relatórios elaborados pela Comissão. Trata-se de uma forma distendida de cooperação inter-governamental, para favorecer convergências nas políticas nacionais soberanas e alcançar objetivos comuns; pressupõe também alguma pressão sobre os pares, em particular naqueles que estão em situação mais frágil, mas exclui a possibilidade de intromissão compulsória das instituições europeias, sobretudo das supranacionais (a Comissão simplesmente assiste e vigia, o PE é informado, o TJUE está excluído).

Quase duas décadas decorridas desde o funcionamento desta fórmula de atuação, os resultados foram magros nos domínios em que mais incidiu, e as divergências e as críticas negativas foram recorrentes. O fracasso dos objetivos programados na Estratégia de Lisboa (plano que consagrou esta metodologia) e, como tudo leva a crer, na Europa 2020, o arrastamento da crise financeira e a relativa inoperância das medidas de coordenação macroeconómica mais estrita e de supervisão orçamental reforçada, para lhe fazer face, convergiram para o descrédito desta fórmula decisória. Apesar da respetiva designação explícita ("coordenação aberta") deixar de constar nos novos documentos institucionais da União, a sua prática política não está desarreigada nem foi substituída expressivamente, por suportes alternativos credíveis e sustentáveis, nos domínios de competência nacional para os quais fora geralmente concebida – pesem embora algumas alterações num envolvimento institucional mais participativo.

Supervisão reforçada da política orçamental nacional:
um espartilho de virtuosidade discutível

A outra fórmula pela qual a União se imiscui nas políticas nacionais reporta-se, como se tratou acima, à supervisão da política orçamental, no modo como fiscaliza a observância dos rácios de dívida e défice públicos – vigilância que, em contexto da crise financeira e das dívidas soberanas, foi reforçada pela introdução do denominado *semestre europeu* e pelo endurecimento da disciplina do PEC. Neste domínio, as regras são doravante mais impositivas e apertadas, com potencialidade sancionatória acrescida para os estados-membros cuja moeda seja o euro.

Com a raposa a guardar a capoeira, é o Conselho, composto pelos governos dos Estados, a preconizar ao parceiro faltoso as medidas aplicáveis e as possíveis sanções em caso de declaração de défice excessivo se, neste caso, o estado-membro for participante da área do euro. Não surpreende, pois, o destino que teve a evolução do denominado pacto de estabilidade e crescimento (PEC). Muitos foram os incumpridores em diversas ocasiões, e alguns, de forma reiterada; mas a pressão das recomendações exercida sobre os faltosos foi mais coerciva para os pequenos e médios Estados do que para os grandes. Em 2003, a média do défice dos países da zona euro situava-se no limite dos 3%: pequenos e médios Estados encontravam-se em geral em situação regular (com exceção da Grécia), por mérito próprio ou porque a isso foram obrigados; mas os grandes Estados, no referido ano, estavam na condição de défice excessivo (França, Alemanha e Itália, com défices de 4,2%, 4,1% e 3,2%, respetivamente) e apresentavam também valores de dívida superiores aos limites. Quando, por essa altura, a França, coadjuvada pela Alemanha, recusou pôr-se em conformidade com as medidas recomendadas pela Comissão para regularizar as suas finanças públicas (o que motivou o recurso por parte desta instituição ao TJCE, como lhe competia), o resultado subsequente foi a flexibilização, em 2005, das regras do PEC: convinha assim aos grandes Estados, que tinham poder para assim proceder, embora atuassem de forma inversa quando os pequenos estiveram em incumprimento – dois pesos e duas medidas de uma (i)moral da história que é geralmente sentenciada pelos mais fortes.

A alteração incidiu principalmente na suavização da vertente corretiva do procedimento de défice excessivo (PDE). O Conselho decidiu então (relatório de março e regulamentos de junho de 2005) introduzir, entre outras modificações, diversas atenuantes para impedir a aplicação do PDE a um dado estado-membro – tais como crescimento negativo ou estagnação prolongada, realização de reformas estruturais, esforço em I&D, políticas de saneamento orçamental –, com alongamento do prazo de correção e com outros aligeiramentos na base declaratória e coerciva incidente em caso de défice excessivo. Esta flexibilização terá contribuído, na prática, para um certo esmorecimento e laxismo ulteriores de alguns países no cumprimento das metas orçamentais. Sendo a declaração de défice excessivo (PDE) da competência dos governos dos estados-membros em sede de Conselho, nenhuma sanção foi até hoje aplicada, e é dificilmente previsível que o venha a ser num grande Estado. O gato cuida do rato.

Com as repercussões da crise internacional de 2007-2008, a maior parte dos Estados, em situação deficitária periclitante, confrontou-se com a desconfiança dos mercados de capitais. A crise financeira, com repercussões graves na zona euro, teve como resposta institucional, a partir de 2011, um reforço substancial da supervisão das políticas orçamentais nacionais, com uma incidência mais robusta na disciplina orçamental dos estados-membros, particularmente severizada para os participantes na área do euro. A reforma do enquadramento orçamental, como resposta à crise das dívidas soberanas, foi incitada pela Alemanha (o que não deixa de ser curioso) e incidiu, como indicado acima, em duas frentes: de um lado, no quadro jurídico da União, o agravamento preventivo e corretivo do PEC, por via de um arsenal normativo (*six pack, two pack*), para a supervisão das políticas macroeconómicas, a vigilância estrita dos comportamentos orçamentais e a penalização dissuasora do mecanismo corretivo e sancionatório do PDE; por outro lado, à margem da União, no plano diplomático multilateral, o complemento intergovernamental, imposto pela Alemanha, por via do TECG ("tratado orçamental"), subscrito por 25 Estados-membros, para fazer reverter nas ordens constitucionais nacionais a obrigatoriedade de critérios comuns em matéria de finanças públicas – e em particular a "regra do equilíbrio orçamental".

É, contudo, duvidoso que uma tal catadupa normativa, que insiste sobretudo na disciplina orçamental e na penalização dos infratores consiga, só por si, resolver problema estrutural algum, colmatar insuficiências originais e conter o mal-estar cumulativo com que se confronta gravemente a União. A inevitabilidade desta atuação – "não há alternativa" para a austeridade pura e dura – tem pautado a narrativa vigente dos poderes instituídos, nas instituições europeias como nos estados-membros. A questão premente é: como resolver este círculo vicioso da austeridade, da disciplina orçamental repressiva e desigual, para, alegadamente, gerar crescimento e pôr em ordem a economia e as finanças dos estados-membros, com disparidades exacerbadas e crescentes, sem alterar as regras do jogo instituídas e a ideologia neoliberal dominante numa União tão assimétrica, ancorada num mercado de «livre e não falseada» concorrência? E o problema de fundo subsiste: como caminhar firmemente para o reequilíbrio da balança que suporta a UEM e a superação do persistente pecado original que pesa sobre a moeda única europeia, que o determinado BCE não pode por si só resolver – «A política monetária não pode ser a única a atuar» (*Público*, 22/10/2015) –, como o seu presidente Mario Draghi tem insistentemente reconhecido e alertado?

C3.3. Debates de ontem e de hoje

a) A (teoria da) engrenagem que não funcionou

A finalização do mercado interno, após o AUE, tornou claro que este só poderia ser funcional e transparente se desaparecessem os custos inerentes à conversão das moedas e às incertezas cambiais: que não era sustentável, para um Estado (pequeno ou médio), unir em simultâneo numa zona monetária os três lados de um triângulo representados pela livre circulação dos capitais, por taxas de câmbio fixas e por uma política monetária autónoma (o denominado «triângulo de incompatibilidade» de Robert Mundell). Ora, nesta situação de mercado unificado, a zona monetária, que deveria ser do ecu, resvalara, incontornavelmente, para uma zona do marco alemão, a moeda da potência mais forte, a única que não tinha que se preocupar com a estabilidade cambial; e a Alemanha ficava assim com a vantajosa disponibilidade para atacar a inflação e levar a cabo uma política económica desenvolvimentista, ao passo que os outros parceiros da zona teriam de sacrificar a ambição do crescimento para realinharem a sua moeda com a daquela. Neste contexto, a necessidade da moeda única impôs-se, pois, por força das coisas, em reação contra o "domínio" da "boa moeda" (o marco alemão) sobre as restantes, incapazes de competirem com ela, e esgotadas que foram todas as experiências de cooperação monetária, que a crise de finais de 80 a meados de 90 evidenciou.

A moeda única tornara-se, assim, uma inevitabilidade, fosse qual fosse o peso justificativo, mais económico ou mais político, que a determinou. Como dito acima, foi, contudo, entendida, pelos que mais a desejaram, com excessiva credulidade e expectativa quanto à sua potencialidade unificadora. No intenso debate público e institucional sobre a união económica e monetária, que precedeu a sua criação, nos inícios da década de 90, defendeu-se a necessidade de consecução da convergência económica antes da unificação da moeda. Perante a falta de consenso, o compromisso conseguido evoluiu, como se disse acima, no sentido de se avançar para a moeda única, após um curto período transitório para a realização da convergência económica com base em critérios minimalistas de referência conjuntural. Acreditou-se que, apesar da modéstia do resultado acordado no que respeitava à união económica, a moeda única encerrava, em si mesma, potencialidades dinâmicas que arrastariam, na sua esteira, a realização das pretensões não conseguidas então: implementada a união monetária, aquela (a união económica) viria por acréscimo ou por efeito de transbordamento ou de engrenagem. Jacques Delors, o presidente da Comissão Europeia, à época, resumiu bem o dilema (ou a desilusão) com que, nessa qualidade, se confrontou na altura e as lacunas que, apesar da modéstia da sua proposta de governo económico, não foram então resolvidas (nem o foram tão-pouco passada mais de uma década e meio após o início da união monetária):

> «[...] a famosa teoria da engrenagem, a que, no fundo, era a base do método dos pais do tratado, de Jean-Monnet em particular, jogará a favor da União económica e monetária? Dito de outra forma, os mais otimistas de entre vós pensam que com a UEM nós teremos uma espécie de *spill over effect*. Talvez, mas somente se as duas condições seguintes forem satisfeitas: se, por um lado, ao lado do BCE existir um governo económico, isto é, um Conselho de ministros das Finanças e uma Comissão que desempenham o seu papel, um Conselho europeu que fixa as orientações do desenvolvimento económico e social; se, por outro lado, existir um teto político para esta construção»[15].

---

[15] Jacques Delors, *Combats pour l'Europe*. Paris: Economica, 1996, p. 47.

Neste contexto primordial, de antecâmara da moeda única, as disparidades de desenvolvimento e de desempenho económico entre os Estados comunitários eram notórias, e a crise cambial acentuou-as mais ainda, agravada por sua vez pela reunificação da Alemanha, que o respetivo banco federal recusou financiar, pressionando a procura de capitais e as taxas de juro e prejudicando o crescimento ou a inflação. Em 1991, alguns indicadores pertinentes revelavam a dispersão dos indicadores na CE: em números redondos, o PIB por habitante variava entre 17.000 e 7.000 ecu e os ganhos por hora na indústria entre 9 e 4 ecu, o consumo de energia por habitante entre 8 e 1 tep, o número de telefones por mil habitantes entre 718 e 169 e de automóveis entre 412 e 126[16]. Ou seja, existia, de facto, uma expressiva situação assimétrica, no espaço de uma zona monetária (a do ecu, ou melhor, a do marco) que ameaçava implodir. A moeda única parecia, pois, a solução. Apesar da perda da autonomia monetária, que, em rigor, já não existia no quadro do SME, ganhava-se a estabilidade cambial da moeda única: as vantagens sobrepunham-se aos inconvenientes, e quanto à desejada convergência, viria ela por acréscimo. Mas não veio...

b) Uma zona monetária ótima, que a área do euro não é

Mas se os políticos divergiram na substância e no calendário da moeda única, os meios especializados, e, entre estes, os académicos no topo, também se posicionaram de forma distinta: «havia de facto uma alargada discussão académica dessa questão (na qual participei também) [escreve Paul Krugman, prémio Nobel da Economia em 2008], e os economistas americanos envolvidos mostravam-se, em geral, céticos em relação à defesa do euro [...]. Quando alguém perguntava como é que a Europa iria lidar com situações em que algumas economias estavam

---

[16] Jean-Pierre Patat, *Histoire de* [...], cit., p. 39.

a prosperar e outras em recessão – como era o caso da Alemanha e da Espanha, respetivamente, neste preciso momento –, a resposta mais ou menos oficial era que todas as nações da zona euro iriam seguir práticas sólidas e, portanto, não haveria "choques assimétricos"»[17].

Na verdade, a doutrina vigente e os exemplos de referência de zona monetária bem-sucedida induziam a pensar que «a Europa estava muito longe de encaixar nesse modelo» de adequação «de uma economia a uma moeda única», como era o dos Estados Unidos. Um tal modelo pressuporia dois requisitos: condições favoráveis de mobilidade laboral, que permitissem a deslocação fácil e livre de mão de obra da região recessiva para a próspera, em que havia oferta de trabalho, de maneira a permitir o necessário reajustamento; e integração orçamental, para acudir, com recursos distributivos e solidários, às descompensações resultantes da região ou do Estado carenciado e das suas populações mais atingidas. Ora, acreditou-se, no que à Europa comunitária concerne, que bastaria abrir as fronteiras aos trabalhadores, reconhecer os diplomas e as formações, que o acabamento do mercado interno potenciava, para garantir de imediato a flexibilidade laboral, para que a zona monetária do euro, em caso de crise localizada, pudesse por si só resolver os problemas de ajustamento; subestimaram-se, porém, constrangimentos relevantes, de ordem cultural e linguística, de política migratória e de acesso à habitação e outros tantos obstáculos dificilmente superáveis nas deslocações transnacionais europeias para que o desemprego fosse contrariado de forma expressiva e não apenas por via de fluxos migratórios circunstanciais, restritos ou seletivos[18].

Por outro lado, seriam necessárias políticas convergentes e contra-cíclicas e, evidentemente, recursos redistributivos disponíveis: para compensar perdas de receitas nos países ou regiões em dificuldade,

---

[17] Paul Krugman, *Acabem com essa crise já*. Lisboa: Editorial Presença, 2012, p. 185.
[18] Edwin Le Héron, *À quoi sert la banque centrale européenne?* Paris: La Documentation Française, cit., p.28.

para assumir responsabilidades ou encargos amortizadores com desemprego, saúde, apoio social e com outros efeitos depressivos de crise localizada e/ou de choque assimétrico, que facilitassem o retorno ao equilíbrio. É tudo o que a União não tem: não dispõe de políticas económicas comuns – sabida que é a manifesta insuficiência ou a reiterada inoperância da coordenação intergovernamental das políticas nacionais – que possam compensar fossos de coesão e desequilíbrios produtivos e de produtividade, desvios galopantes e desajustamentos bruscos; e não tem orçamento federal decente. Ou seja, não pode a União ajudar estados-membros ou regiões em dificuldades, nem sequer com os seus fundos habituais, mesmo que reforçados: são fundos ditos "estruturais" – e não "conjunturais" (para obviar a crises localizadas) –, que, de qualquer modo, não financiam a 100% os projetos elegíveis; em caso de crise, fica a sua utilização condicionada pela indisponibilidade da cota-parte do financiamento devida pelo Estado em apuros, agravada pelo cumprimento do PEC – o que não deixa de ser contraproducente porque impossibilita o recurso a fundos certos por quem mais deles precisa. Ao estabelecer frágeis critérios nominais de convergência, entre os Estados candidatos, para aceder à moeda única e limiares de dívida e de défice públicos para garantir a estabilidade do euro e o crescimento económico dos seus participantes (obrigando-os a sacrificar o crescimento com políticas de rigor em situações difíceis), subestimou-se a heterogeneidade das condições económicas e sociais dos estados-membros, sem contrapesos políticos ao nível da redistribuição e da solidariedade.

Nesta situação, a área do euro não é, tal como foi teorizada pelo economista canadiano Robert Mundell (prémio Nobel da Economia, 1999), uma zona monetária ótima (ZMO): não reúne condições homogéneas (mobilidade dos fatores de produção e flexibilidade dos preços), no conjunto dos Estados participantes, para resistir a um choque localizado; não garante «a mobilidade da mão de obra, para compensar a perda de atividade, e, sobretudo, a integração orçamental, para contrabalançar as perdas de receitas»[19]. Ora, com a moeda única, o euro, que implica uma política monetária e cambial comuns, ficam os Estados participantes impedidos de utilizar instrumentos de regulação macroeconómica nacional, que lhe possibilitem, por exemplo, as desvalorizações competitivas. Não seria grave uma tal incontornável privação se, paralelamente, a política monetária única fosse acompanhada por uma política económica comum – uma efetiva UEM, ou seja, uma união monetária de par com uma união económica, que, uma e outra, remetem para a integração política. Não foi o que aconteceu, não é ainda o que existe. E este é o verdadeiro problema de fundo, a passagem do rubicão que está longe ainda de ser superada.

Tendo em conta esta insuficiência primordial e fragilidade persistente, outros analistas, no meio académico, partindo de princípios doutrinais ou ideológicos diferenciados, quando não mesmo opostos, advertiram para os riscos de implementação de uma união monetária desguarnecida de suportes consequentes de união política, possíveis e desejáveis para alguns, inviáveis ou inadmissíveis para outros. Entre eles, Milton Friedman, outro economista e prémio Nobel (1976), que premonitoriamente advertiu:

"Eu penso que o euro vive a sua lua de mel [declara na intervenção no Banco do Canadá em 2000] [...]. Contudo, não tardará que as divergências se acumulem entre os diferentes Estados e que estes sejam afetados por choques assimétricos. Hoje a Irlanda é um país que tem necessidade de uma política monetária diferente da Itália ou da Espanha. Sobre bases puramente teóricas, é difícil pensar que um tal sistema vai ser duravelmente estável [...]. O euro tem apenas um ano, deem-lhe um pouco mais de tempo para que os problemas apareçam»[20].

---

[19] Paul Krugman, "O euro é uma construção pouco sólida", *L'Express*, Paris, 6/9/2012 (apud *Voxeurop*).

[20] Milton Friedman, *apud* Jocelyn Guitton, *Quel Gouvernement économique pour l'Union Européenne?* Bruxelles: Bruyant, 2013, p. 7.

c) Estar ou não estar no euro?

«O euro é uma construção pouco sólida» – acrescenta, por sua vez, Paul Krugman, outro economista americano, também Prémio Nobel (2008), em sintonia com o diagnóstico do seu laureado compatriota (Friedman), quanto à deficiência germinal do euro; mas dele se distancia quanto à terapêutica aplicável, na aproximação que faz à teoria keynesiana, rejeitada por aquele: «a Europa não está em declínio. É um continente produtivo e inovador. Só tem falhas na sua governação»; «está muito menos habilitada do que os Estados Unidos [...], [onde] as pessoas podem ir procurar trabalho noutro Estado, menos atingido. Em todos os Estados, a ajuda social, os seguros de doença, as despesas federais e as garantias bancárias nacionais são mantidas por Washington. Isso não acontece na Europa»[21]. Ou seja, o que falta é governação à altura, com políticas e recursos que ponham fim a esta depressão, que «acabem com esta crise já»[22].

O euro – escreve João Ferreira do Amaral – é um projeto «maquiavélico», «ao serviço do poder alemão», orquestrado por políticos, de modo «intencional», para forçar «a estranha incapacidade de tornar o sistema monetário europeu [o antigo SME] capaz de aguentar o embate da liberalização dos movimentos de capitais e a consequente especulação cambial». É um «monstro» forjado por «uma amálgama de interesses de grandes estados, juntamente com uma estranha aliança contranatura de duas ideologias [...] – o federalismo europeu e o neoliberalismo»: o primeiro, para criar «um superestado europeu que [...] substitua os Estados nacionais e os relegue para o estatuto medíocre de Estados federados»; o segundo, que apoia a moeda única «porque é contra a intervenção do Estado na economia e contra a utilização da política monetária de forma discricionária». Concebendo, pois, o

---

[21] Paul Krugman, "O euro é uma construção pouco sólida", cit.

[22] Id., *Acabem com esta crise já*, cit., p. 239 e conforme título do livro.

euro como uma cabala política e congeminando cenários de saída, só existe, para Amaral, uma solução digna, regeneradora e salvífica: «Portugal precisa de sair do euro [...] se quiser, afinal, voltar a acreditar em si próprio», romper com esse «fardo insuportável», para «ganhar de novo autonomia monetária», que é «condição essencial» para «um ressurgimento nacional», para restaurar a independência perdida quando ratificou, em dezembro de 1992, o Tratado da União Europeia (Maastricht), «sem qualquer pressão internacional e sem nenhum exército inimigo às portas de Lisboa» – aprovação parlamentar que representa «a maior capitulação do País desde as cortes de Tomar de abril de 1581». Deve, contudo, proceder, segundo o autor indicado, a uma saída ordenada e concertada com as instituições europeias, realizar «um divórcio por mútuo consentimento», com base em «cinco condições que devem ser asseguradas» – entre as quais se incluem a garantia na obtenção de mais empréstimos por parte dos parceiros europeus e de financiamento dos bancos portugueses por parte do BCE, em condições favoráveis... até que as coisas se normalizem[23].

Depois de tudo o que se viu no decurso da crise financeira e da zona euro e do sistema bancário, não se percebe como é que esta saída poderia ser, que generosos empréstimos ou que bondosas garantias de financiamento seriam expectáveis; e, a serem plausíveis, que contrapartidas ou que condições seriam impostas, por parte dos parceiros europeus e do BCE para subvencionar um país inviável e viabilizar os seus bancos falidos, atirados assim para a voragem do furacão. Além disso, não parece conforme os factos que a moeda única, criada sem «qualquer justificação económica», mas apenas como um «projeto político», «ao serviço do poder alemão», tenha sido «uma hábil manobra de propaganda» para acabar com a

---

[23] João Ferreira do Amaral, *Porque devemos sair do euro: o divórcio necessário para tirar Portugal da crise*. Alfragide: Leya, 2013 (ver sobretudo pp. 65-73, 93-98, 117-126). Ver também o seu prefácio ao livro de Philip Bagus, *A Tragédia do euro*. Lisboa: Actual, 2011, pp. 15-18. O posicionamento do autor e as citações utilizadas são extraídas dos textos, de sua autoria, nestas duas obras.

cooperação monetária no quadro do SME[24], quando esta passava por enormes dificuldades num contexto em que, já então, o marco alemão claramente dominava sobre as restantes moedas (já então «ao serviço do poder alemão») e beneficiava amplamente com o referido sistema monetário. Por isso mesmo, a Alemanha, como se escreveu acima, não sendo, expressamente, contra a moeda única, à época, postergava-a para o longo prazo quando a convergência entre os estados-membros fosse conseguida.

Evidentemente, um posicionamento desta natureza – perfilhado pela esquerda doméstica comunista e extrema – parece raiar o espectro do euroceticismo radical, se não mesmo o de um soberanismo empedernido, de quem recusa a integração europeia ou a sua vertente supranacional. Com efeito, o entendimento do citado autor sobre o que deveria ser a Europa – para o qual, sair do euro e distanciar-se da União Europeia, é condição necessária e «patriótica» para o «ressurgimento nacional» – não deixa margem para dúvidas: um mercado, com alguma cooperação monetária, desde que não retire aos Estados participantes o poder de veto que a unanimidade da decisão garante – fórmula intergovernamental reduzida «de forma drástica» pelo «desastrado Tratado de Lisboa», designação indigna «para a minha cidade, que merecia melhor sorte do que ficar associada a um tal tratado», que a elite portuguesa protagonizou com «uma posição não patriótica»[25].

Na área ideologicamente oposta, antissocialista e liberal radical (subentenda-se, antissocial-democrata e antidemocrata-cristã tradicional), no caso vertente do liberalismo austríaco, os preconceitos subjacentes ao nascimento do euro, os resultados e os prognósticos convergem no essencial com o posicionamento anterior, embora com implicações de pormenor diferenciadas: «A arquitetura institucional

---

[24] J. F. Amaral, *Porque devemos* [...], cit., p. 72.

[25] Id., *ibid.,* p. 97.

da UME [UEM] tem sido um desastre económico. O euro é um projeto político; os interesses políticos é que fizeram a moeda única avançar, de modo deletério [...]. O euro foi bem-sucedido a servir de veículo para a centralização da Europa e para o objetivo do governo francês de estabelecer um império europeu sob o seu controlo – restringindo a influência do Estado alemão. A política monetária foi o meio político para a união política. Os que advogam uma Europa socialista viram o euro como o seu trunfo contra a defesa de uma Europa liberal clássica que se vinha a expandir em poder e influência desde a queda do Muro de Berlim. A moeda única foi vista como um passo para a integração e centralização políticas. A lógica das intervenções impeliu o sistema euro para uma unificação política sob um Estado central em Bruxelas. À medida que os Estados nacionais são abolidos, o mercado da Europa torna-se uma nova união soviética»[26]. E conclui-se: «Mas o projeto está na iminência de fracassar, e o colapso [...] já estava implícito na arquitetura institucional da UME [...]. É uma história de intriga e de interesses económicos e políticos, uma história fascinante em que os políticos lutam pelo poder, influência e pelos seus próprios egos». O euro, enfim, é «uma tragédia»[27].

d) Um balanço crítico: o euro – uma etapa necessária, um projeto inacabado

Os posicionamentos contra a união monetária expendidos acima situam-se nos antípodas das bases analíticas do autor deste estudo, do diagnóstico e do propósito académicos que o motivou e dos suportes metodológicos e documentais em que se fundamentou. O euro, a união monetária é, no contexto histórico em que surgiu, uma etapa necessária

---

[26] Philip Bagus, *A Tragédia do euro*, cit., pp. 213-214.
[27] Id., *ibid.*, cit., p. 27.

e fundamental no processo de unificação do mercado comum, esgotadas que foram as experiências antecedentes de cooperação monetária; mas é uma etapa imperfeita – e daí as dificuldades que atravessa.

O euro é uma «empresa inacabada», sem dúvida, como acima se tratou. E as propostas, mais técnicas ou mais políticas, para completar o edifício da moeda única têm sido diversamente apontadas: uma articulação mais estreita entre a política monetária do BCE e as políticas económicas nos domínios orçamental, social e conjuntural, que vá para além do atual quadro de coordenação intergovernamental e se aproxime de um governo económico da União, mesmo que, para o efeito, se deva recorrer à possibilidade das cooperações reforçadas na área do euro; uma política orçamental supranacional, com recursos razoáveis que tendam a aproximar-se dos valores dos Estados federais (acima de 15% do PIB nos EUA) e com capacidade de obviar a choques localizados ou a evoluções assimétricas, e de contornar as dificuldades de transferências dos orçamentos nacionais; uma estratégia económica comum, com capacidade efetiva de decisão e de planificação à escala europeia, que colmate as limitações ou as errâncias da dispersão das atuações dos governos dos estados-membros. Ou seja, mais integração económica, mais autoridade europeia, mais políticas comuns, mais união política no quadro supranacional, em suma, mais Europa num quadro federal.

Foi este expectável "mais", aquando da fundação da moeda única, que, pelo efeito de engrenagem, não ocorreu até hoje; e não é credível que espontaneamente se produza. Nenhum problema essencial foi resolvido durante a crise, pesem embora propostas contributivas audaciosas nesse sentido; mas continuam no limbo das boas intenções à espera do momento em que os estados-membros não olhem só para os seus interesses de curto prazo e tenham maior consciência do que é essencial e necessário fazer para a sustentabilidade da empresa coletiva que a todos beneficia. É preciso provocar as soluções adequadas e sensatas; se não quiserem todos, que avancem os que estiverem disponíveis. Para isso se instituíram as cooperações reforçadas, formalizadas e flexibilizadas de tratado em tratado, de Amesterdão a Lisboa.

Ora, acalmada a crise das dívidas soberanas, pelo menos circunstancialmente ou na aparência – «A crise não acabou. Está apenas em modo pausa», disse o Presidente Juncker no discurso do estado da União em setembro de 2015 –, quais são, pelos finais de 2015, os propósitos institucionais da União, dos seus responsáveis de topo, para atacar as fragilidades recorrentes em que assenta a moeda única, para enfrentar, enfim, os grandes desafios com que a Europa está confrontada?

C.4. Concluir a União Económica e Monetária (Plano dos Cinco Presidentes)

Há um plano da União, para o tempo que corre e para o médio prazo. Tem por nome, bem a propósito, "Concluir a União Económica e Monetária", conhecido também por Plano dos Cinco Presidentes (Jean-Claude Juncker, da Comissão, Donald Tusk, da Cimeira do Euro, Jeroen Dijsselbloem, do Eurogrupo, Mario Dragui, do BCE, e Martin Schulz, do PE)[28]. É, acima de tudo, um roteiro faseado para, alegadamente, suprir as fragilidades originais e as fissuras supervenientes da UEM, para imprimir, segundo os seus mencionados protagonistas institucionais, um rumo conducente à realização de uma União Económica «profunda e genuína», centrada na convergência, na prosperidade e na coesão social, ancorada numa união financeira (integração do sector financeiro) e numa união orçamental (coerência e integração das políticas orçamentais) e legitimada pela «responsabilização

---

[28] Comissão Europeia – *Concluir a União Económica e Monetária. Relatório apresentado por Jean-Claude Juncker, Donald Tusk, Jeroen Dijsselbloem, Mario Dragui e Martin Schulz*, 2015.

democrática»; em suma, uma UEM «efetiva e aprofundada», «mais resiliente e completa», a realizar integralmente até 2025. Enforma-a a ambição acrescida de pretender criar uma sociedade «melhor e mais justa» para todos os europeus, mais próspera e harmoniosa para todos os estados-membros, e a pretensão de dotar a União de capacidades para responder aos «futuros desafios mundiais», tal como se declara na respetiva introdução do relatório – ambição generosa tantas vezes intencionada em documentos institucionais proclamatórios, mas com resultados efetivos geralmente parcos.

C.4.1. Do relatório dos quatro ao plano dos cinco presidentes: um percurso hesitante e comedido

O documento já vem de trás. Teve origem num relatório apresentado ao Conselho Europeu, pelo seu presidente à época, Herman Van Rompuy – em cooperação com os presidentes da Comissão, do Eurogrupo e do Banco Central Europeu – na cimeira de finais de junho de 2012, em plena crise da zona euro, quando tudo parecia implodir (não fosse a oportuna declaração de Mario Draghi de «fazer tudo para salvar o euro»). Intitulava-se "Rumo a uma verdadeira união económica e monetária", subsequentemente conhecido por "Plano dos Quatro Presidentes", no qual se apresentava «uma visão para o futuro da União Económica e Monetária e para o modo como melhor poderá contribuir para o crescimento, o emprego e a estabilidade»[29]. Nessa reunião incitou-se o Presidente do Conselho, em estreita colaboração com os restantes três presidentes indicados, a desenvolver «um roteiro específico e limitado no tempo para a realização de uma verdadeira união económica e monetária». Na

---

[29] *Rumo a uma verdadeira união económica e monetária*, relatório do Presidente do Conselho Europeu Herman Van Rompuy, 26 de junho de 2012.

sequência, serão produzidos vários documentos, de que se destacam o relatório preliminar do Presidente do Conselho Europeu de 12 de outubro de 2012 – após auscultação das ideias e propostas expressas em reuniões realizadas em todos os estados-membros da UE e com o PE –, e, sobretudo, um documento da Comissão com o título "Plano para uma UEM efetiva e aprofundada", lançado para debate a nível europeu em finais de novembro de 2012.

Era este plano da Comissão um roteiro que ambicionava, logo no curto prazo (nos primeiros 18 meses), dar início decisivo à união bancária, reforçar a coordenação das reformas nacionais, criar um instrumento de convergência e de competitividade, promover o investimento na área do euro, em articulação com o PEC, e assegurar a representação externa desta área. A ambição era mais ousada nos períodos mais distantes, implicando alteração dos tratados existentes: no médio prazo (dentro de um e meio a cinco anos), pretendia-se o reforço da integração orçamental e económica e a inclusão de propostas que, na altura, estavam no centro do debate europeu, tais como as euro-obrigações e o fundo de resgate; no longo prazo, passante um lustro, finalizar-se-ia a união bancária, orçamental e económica «plena» e realizar-se-iam avanços sólidos na união política, em particular «em matéria de legitimidade e responsabilidade democrática»[30]. Contudo, na reunião cimeira de dezembro de 2012, em que o texto final do relatório dos quatro presidentes é discutido[31], os líderes do Conselho Europeu, acordando embora um processo para a realização da denominada «verdadeira união económica e monetária», mostraram-se timoratos quanto ao alcance da dita, com uma Alemanha disponível apenas para o reforço da disciplina orçamental, ou seja, para o «fortalecimento e a implementação da nova governação económica

---

[30] Comissão Europeia, «Modelo para uma União Económica e Monetária efetiva e aprofundada: lançamento de um debate europeu», de 28/11/2012 (IP/12/1272).

[31] Herman Van Rompuy, President of the European Council, *Towards a genuine economic and monetary union*, 5 december 2012.

reforçada», traduzida nas medidas entretanto aprovadas ou em curso, no quadro do PEC e do tratado orçamental, bem como nos esforços conducentes à vigilância dos bancos (mecanismo único de supervisão)[32]. Para além desta «prioridade imediata», pouco mais se faria, a não ser algumas possíveis iniciativas, em curso ou em perspetiva, limitadas à ação imediata e «ao quadro institucional e jurídico existente, bem como ao respeito pela integridade do mercado único». Ou seja, no que à matéria vertente respeita, ficava-se pela possibilidade de alguns passos no sentido da união bancária, mas insistia-se sobretudo na necessidade da sustentabilidade orçamental e do reforço da coordenação das políticas económicas.

Bem mais tarde, na cimeira do euro de outubro de 2014 – em contexto, agora, de alguma acalmia da crise das dívidas –, os líderes políticos concluíram ser essencial uma coordenação mais estreita das políticas económicas para assegurar o bom funcionamento da União Económica e Monetária; e convidaram, para prosseguir os trabalhos nesse sentido, o presidente da Comissão Europeia que, em estreita cooperação com os presidentes da Cimeira do Euro, do Eurogrupo e do Banco Central Europeu, deveria «preparar as próximas medidas para uma melhor governação económica na área do euro»[33]. O mandato seria confirmado pelo Conselho Europeu subsequente, em dezembro de 2014, para que os quatro presidentes apresentassem uma nota analítica para discussão ulterior, o que veio a ocorrer na reunião informal do Conselho Europeu de fevereiro de 2015[34]. Incluía-se, na referida nota, um balanço da situação em que se encontrava a união económica e monetária, identificavam-se lacunas e medidas tomadas para as corrigir e propunham-se «pistas de reflexão» para um debate sobre as próximas etapas. Concluía-se com a enunciação de várias

---

[32] Conselho Europeu, de 13/14 de dezembro de 2012, *Conclusões* (EUCO 205/12).

[33] *Declaração da Cimeira do Euro*, Bruxelas, 24 de outubro de 2014.

[34] *Preparar as próximas medidas para uma melhor governação económica na área do euro. Nota analítica*, Conselho Europeu informal, 12 de fevereiro de 2015.

questões: quanto à garantia futura da solidez orçamental dos Estados participantes no euro, quanto à natureza e ao alcance da governação económica para resistir a choques e garantir a prosperidade; e consideravam-se outros assuntos relativos ao reforço de instituições comuns fortes, no quadro da UEM, à coordenação eficaz das políticas nacionais capazes de cumprir os objetivos fixados, à superação da dependência viciosa entre dívida bancária e dívida soberana, ao reforço da partilha de riscos pelo sector privado, à capacidade de absorção de choques assimétricos, à repartição da soberania quanto aos requisitos económico, financeiro e orçamental da moeda única.

Esta nota analítica, discutida na reunião informal de fevereiro do Conselho Europeu, seria, entretanto, desenvolvida e consolidada pelos quatro presidentes, a que se associou também o presidente do PE, no relatório, acima indicado, "Concluir a União Económica e Monetária Europeia", apodado também, em consequência, por Plano dos Cinco Presidentes. Apresentado no Conselho Europeu de finais de junho, solicitou este ao Conselho que o examinasse rapidamente. Não foram dados grandes passos nos conselhos subsequentes, nos encontros formais ou informais: nem por parte dos líderes europeus, nas reuniões cimeiras, ocupadas com dívida da Grécia, até ao verão de 2015, e com crise dos refugiados, no outono subsequente; nem tão-pouco por parte dos ministros nas reuniões do Ecofin e do Eurogrupo, que se limitaram a expressar o seu apoio de princípio ou a trocar pontos de vista centrados nas medidas de curto prazo, para as quais a Comissão apresentou, entretanto, «as iniciativas previstas para levar por diante os trabalhos nos próximos meses». Esta instituição, com efeito, tomou posição pública e institucional sobre o relatório dos Cinco Presidentes, que ela própria coordena: fez a apresentação, em junho, do relatório em comunicado de imprensa e apresentou, em outubro, medidas concretas para a reforçar e executar a fase 1 do roteiro, entre outras iniciativas de esclarecimento e de proposta.

Analisando o relatório dos cinco presidentes e tendo em conta os documentos institucionais entretanto disponibilizados, qual é o sentido e o alcance do plano em debate para "concluir a união económica e monetária"?

C.4.2. O Plano dos Cinco Presidentes: um alcance limitado no imediato e omisso na fase final

O Plano dos Cinco Presidentes para concluir a união económica e monetária propõe um rumo de atuações com vista à realização de progressos em quatro frentes: na união económica, para garantir «que cada economia tem as caraterísticas estruturais necessárias para prosperar dentro da União Monetária»; na união financeira, para assegurar «a integridade da nossa moeda» e limitar os riscos que comprometam a estabilidade financeira; na união orçamental, para promover «a sustentabilidade e a estabilização orçamentais»; na união política, por fim, para promover «uma verdadeira responsabilização democrática» e proporcionar «uma maior legitimidade» e enquadramento institucional[35]. Inspira-se, para o efeito, no Plano Delors congénere de 1989 e, como este, prevê três fases, ao longo de uma década, embora seja omisso quanto ao calendário e à substância da fase final: a primeira fase, vai de 1 de julho de 2015 a 30 de junho de 2017, para «aprofundar através de atos concretos»; a segunda, a partir de então, para «completar a UEM», que deverá ser previamente preparada por um "livro branco", a apresentar pela Comissão – à semelhança do modelo de Jacques Delors de 1985 para concluir o mercado interno –, destinado a calendarizar o processo subsequente com o respetivo roteiro de medidas concretas; e a terceira, o mais tardar até 2025.

---

[35] Comissão Europeia – "Concluir a União Económica e Monetária Europeia: Comissão toma medidas concretas para reforçar a UEM". Comunicado de imprensa, de 21 de outubro de 2015 (IP/15/5874).

A fase 1, para pôr em prática medidas «imediatas», é, naturalmente, a que está destacada no documento dos Cinco porque se destina a concluir ações em curso e a implementar outras que estão a ser objeto de propostas da Comissão, para, nomeadamente, reforçar atuações nas várias frentes indicadas: na união económica, com um novo impulso a favor da convergência, do crescimento e do emprego (uma autoridade para a competitividade, um procedimento mais expedito relativo aos desequilíbrios macroeconómicos, maior ênfase nas matérias sociais e do emprego, um Semestre Europeu renovado); na união financeira, para concluir a união bancária (garantir eficácia ao Fundo Único de Resolução, melhorar a capitalização dos bancos por via do MEE e acordar um sistema comum de seguro de depósitos), e para lançar a união dos mercados de capitais; na união orçamental, com a criação de um Conselho Orçamental Europeu (instância orgânica independente para avaliação do desempenho orçamental, podendo emitir pareceres e recomendações para serem considerados pela Comissão no quadro do Semestre Europeu).

Nesta fase primeira, pretende-se também realizar ações rumo à alegada «união política», nomeadamente no que respeita à «responsabilização democrática, legitimidade e reforço institucional»; mas o sentido desta pretensão não é o que parece ou seria expectável, porque não aponta para a desejável legitimidade democrática da ação da União. Articula-se apenas com o pressuposto anterior ou seja com o de imputar maior responsabilidade política e envolvimento orgânico, nos níveis nacional, europeu e internacional, às políticas já assumidas e às ações previstas de coordenação e de supervisão reforçadas: nomeadamente, no quadro da renovação do Semestre Europeu – com recomendações mais veementes sobre a área do euro (e com uma apreciação mais aprofundada sobre países com maiores fragilidades), antes mesmo das discussões específicas nacionais, com o reforço da intervenção do PE no decurso do referido semestre, maior interação entre os comissários e os parlamentos nacionais, entre estes e os parceiros sociais; também, no sentido da agilização do funcionamento e do reforço de intervenção do Eurogrupo e, ainda, na perspetiva da unificação de uma representação externa da área do euro, nomeadamente no FMI, neste caso por via desta instância europeia; finalmente, na pretensão da integração no quadro jurídico comunitário dos instrumentos intergovernamentais (de supervisão) criados no contexto da crise das dívidas soberanas (Pacto para o Euro Mais, TECG, Acordo sobre o Fundo Único de Resolução).

A fase 2, para «completar a arquitetura da UEM», é simplesmente enunciada no relatório dos Cinco, reafirmando-se o propósito de reforço nas áreas ou nas vertentes especificadas para a fase 1; ou seja, tornar mais vinculativo o processo de convergência no quadro da União Económica, assegurar maior resistência à função de estabilização macroeconómica para a área do euro, no âmbito da União Orçamental, integrar o MEE no direito da União e instituir um Tesouro Europeu, firmadas que sejam as alegadas responsabilização democrática, legitimidade e revalorização institucionais, «rumo a uma União Política». Quanto à fase 3 («União Política»?): o que se fará ou como se fará, a omissão é total, apenas a indicação de que ocorrerá o mais tardar até 2025 e fará da zona euro «um lugar de estabilidade e de prosperidade para todos os cidadãos dos Estados participantes» e de atração para os restantes Estados-membros da União, que poderão juntar-se quando estiverem preparados para o efeito.

C.4.3. Um plano capaz de resolver as fragilidades da UEM e responder aos grandes desafios da área do euro?

Numa perspetiva crítica, dir-se-á que um tal plano, coordenado pelo Presidente da Comissão com a «estreita cooperação» dos restantes quatro presidentes indicados (do PE e das três entidades orgânicas do euro), para concluir a UEM, poderá ser exequível ou «pragmático», como nele expressamente se assume, mas não parece ambicioso, visando primacialmente a consolidação do *statu quo*, num primeiro tempo, pelo menos, com remendos acrescidos para os buracos mais expostos. No conjunto das duas primeiras fases as novidades orgânicas introduzidas não são expressivas: criam-se, na dimensão mais técnica, dois conselhos consultivos, o da competitividade e o do orçamento – em abono das ações de orientação e de coordenação inerentes ao decurso do semestre europeu, para apoio pericial, o primeiro, para agilizar a supervisão orçamental, o segundo; reforçam-se, na vertente mais política, o mandato e as atribuições do Eurogrupo, para o mesmo efeito, ou seja, para intensificar a sua participação no semestre europeu alegadamente «renovado», com a possibilidade de uma presidência a tempo inteiro e com um possível mandato para a representação externa da zona euro, nomeadamente no FMI e organizações congéneres.

No que respeita à possibilidade de acréscimo de competências para a União ou para a zona euro, também nesta matéria o plano dos cinco presidentes é conservador: enfatiza-se a indispensabilidade de «preservar a integridade do Mercado Único em todas as suas dimensões», sejam quais forem as medidas a realizar, privilegiando-se as que não pressupõem a alteração dos atuais tratados. Destaca-se, nomeadamente, a inserção, no quadro jurídico da União, dos pactos intergovernamentais aprovados no contexto da crise financeira e da dívida: no prazo imediato, os que concernem à responsabilização ou à disciplina dos comportamentos nacionais em matéria de política macroeconómica e de supervisão bancária – o Pacto para o Euro Mais, o tratado orçamental (TECG), o acordo sobre o Mecanismo Único de Resolução; num prazo mais distante, o que respeita à vertente de denominada solidariedade financeira – o tratado do MEE. Admite-se, neste complemento solidário, a possibilidade ainda, a longo prazo, de criação de um Tesouro Europeu, desde que as regras orçamentais sejam devidamente assimiladas e respeitadas, no quadro do PEC reforçado e juridicamente interiorizado – o que, tudo junto, poderá «exigir uma maior partilha das decisões no domínio da política orçamental». Contudo, uma tal ocorrência – a de «algumas decisões» serem «tomadas cada vez mais a nível coletivo», necessária para uma «verdadeira UEM» –, «não implicará centralizar todos os aspetos associados à política em matéria de receitas e despesas», pois que «os estados-membros da área do euro continuarão a decidir da tributação e da repartição das despesas orçamentais em função das preferências e opções estratégicas nacionais»[36]. Ora, dito assim, não se garante a possibilidade de um orçamento comum razoável da zona euro, se, como parece, os Estados participantes continuarem a dispor, no futuro, da soberania fiscal e orçamental, tal como no presente.

No que concerne a possíveis avanços na união política, o relatório é mais timorato ainda; o que se indicia é muito pouco e continua bem longe do que seria expectável para reduzir o défice democrático em favor de uma aproximação do *modus faciendi* da Europa à expectativa e à transparência dos seus cidadãos. Ora, neste particular, sob a áurea «da responsabilização e da legitimidade democrática», mais não se prevê do que um maior controlo parlamentar, do PE e dos parlamentos nacionais, na reorganização do semestre europeu «mais integrado» e, para o mesmo efeito, numa interação mais estreita entre estes e a Comissão, além da possibilidade de os parceiros sociais serem comprometidos também em matéria salarial articulada com a produtividade. Nada se adianta, como se referiu, quanto a eventuais compromissos ou avanços na terceira fase do processo de finalização da UEM; poderão ocorrer mais tarde, ou talvez não, se o espírito que percorre o roteiro dos Cinco prevalecer então como parece agora, ou seja: responsabilização dos estados-membros, cumprimento das regras, disciplina orçamental, políticas nacionais dissuasoras de

---

[36] Plano dos Cinco Presidentes, *Concluir a União Económica e Monetária Europeia*, cit., p. 20.

qualquer veleidade de «risco moral» – os requisitos necessários, a terapêutica prescrita para garantir «uma UEM integralmente realizada», «genuína e aprofundada». Será esta a Terra da Promissão, que «ofereceria a todos os cidadãos dos Estados-Membros da UE que partilham a moeda única um espaço de estabilidade e prosperidade, que atrairia os outros Estados-Membros da UE a aderirem», como se declara a páginas tantas do documento em análise dos Cinco Presidentes?

É o plano dos Cinco Presidentes um «roteiro ambicioso», como pretendem os seus protagonistas? No respetivo texto o termo "união" aparece 88 vezes e o de integração apenas 11: união monetária, união económica, união orçamental, união financeira, união bancária, união de mercado de capitais – união de Estados, enfim, com uma «UEM efetiva e aprofundada até 2025». Para gerir politicamente esta futura união económica e monetária, «mais resiliente e completa» – qual governo económico da área do euro – é avançada uma única instância orgânica, uma entidade intergovernamental, de seu nome Eurogrupo, com poderes reforçados e melhor enquadrados, presume-se, ao gosto persistente da França e a contento agora da atual Alemanha. É esta a mesma instância orgânica, por enquanto informal, mas a reconfigurar, por certo, que ganhou protagonismo crescente no contexto da crise da zona euro: não deu provas, até ao momento, de se vocacionar como potencial governo da União, com madureza e compostura, e de se percecionar menos como um organismo onde cada governo participante olha sobretudo para a sua agenda doméstica, como bem pareceu, por exemplo, na negociação do empréstimo grego com o executivo liderado por Alexis Tsipras.

C.4.4. O estado da questão: um roteiro para valer?

O Presidente Juncker incluíra a reforma da UEM, «mais aprofundada e justa», nas dez prioridades para 2015, na sequência, aliás, do compromisso programático – «de preservar a estabilidade da nossa moeda única e melhorar a convergência das políticas [...] entre os estados-membros que [a] partilham» – que assumiu nas suas "Orientações Políticas" quando se apresentou no PE, em 15 de julho de 2014, como candidato à presidência da Comissão. O plano dos Cinco Presidentes, que ele lidera, parece pretender inspirar-se, como dito acima, no seu congénere da segunda metade da década de 80 e confiar, quiçá, em idêntica virtuosidade funcionalista; não tem, contudo, a ousadia do roteiro do Presidente da Comissão à época, Jacques Delors, nem é suportado pela mesma vontade europeísta da então parceria franco-alemã Miterrand-Kohl. Apesar da modéstia do plano dos Cinco e de alguma indefinição no médio prazo, conseguirá a vontade reformadora de J.-C. Juncker, aproveitando as oportunidades que a crise proporciona, suprir omissões, otimizar as medidas concretas a decidir – «aprofundar através de atos concretos» – e, sobretudo, domar as resistências que, pelo lado de governos dos estados-membros no Conselho, irá por certo encontrar?

Com efeito, para pôr em andamento o plano apresentado em julho de 2015 para reformar a UEM, a Comissão anunciou, em outubro-novembro subsequentes, um primeiro pacote de medidas concretas, para executar a fase 1 do referido relatório: contempla, seguindo o roteiro, melhorias na abordagem do Semestre Europeu e a implementação de dispositivos orgânicos, nos planos nacionais e europeu, e, em particular, uma estrutura unificada de representação da área do euro; e visa também credibilizar a união bancária, nomeadamente no que respeita à instituição de um sistema europeu de garantia dos depósitos. Mas, para além destas propostas, submetidas ao processo de adoção institucional, não consta, em finais de 2016, que se tenha avançado mais no que respeita ao roteiro para concluir a união económica e monetária. A Comissão criou, em meados de 2016, um grupo de peritos para analisar as condições prévias que servirão de base às propostas de longo prazo previstas no «Relatório dos Cinco

Presidentes»; e, para preparar a transição da fase 1 para a fase 2, apresentará um Livro Branco na primavera de 2017, no qual delineará as medidas necessárias com vista à conclusão da UEM na fase 2, que submeterá a debates públicos em toda a UE.

Resta saber, mesmo assim, se a modéstia do que se intenciona terá pernas para andar: o Conselho Europeu de dezembro de 2015, bloqueado pela questão dos refugiados – envenenada pelos atentados *jihadistas* de Paris, do *Charlie Hebdo* ao *Bataclan* –, mais não fez do que incentivar o Conselho a analisar rapidamente as propostas apresentadas pela Comissão para dar seguimento ao relatório dos Cinco, nomeadamente no que respeita à governação económica e orçamental, à representação externa da área do euro e à união bancária; na reunião de junho de 2016 os chefes de governo e de Estado limitaram-se a apelar para que os trabalhos avançassem; e na cimeira de dezembro de 2016, dominada pela matérias relativas à migração e à segurança, nem sequer se lhe fez referência.

Poderá um roteiro assim ser a resposta eficaz e indicar o rumo certo para superar os bloqueios e enfrentar os grandes desafios com que a União está confrontada?

CONCLUSÃO GERAL.
RISCO MORAL OU MORAL DA HISTÓRIA?
A EUROPA É UMA NECESSIDADE

1. A Europa não tem estado parada, mas há falta de união nesta União. No quadro institucional comunitário e fora dele tomaram-se medidas, após a desorientação inicial de 2010-2011, que permitem à UE e à sua zona euro estar hoje melhor prevenida e apetrechada do que no início da crise. Todavia, o essencial do acervo conseguido – destinado prioritariamente a reforçar a disciplina orçamental, financeira e bancária dos estados-membros, ao nível da coordenação e da supervisão, preventiva e punitiva, em nome da responsabilidade – não é por si só suficiente nem, de todo, eficaz, nem, de modo algum, sustentável: tem de ser acompanhado e robustecido com dispositivos (operacionais e orgânicos) e políticas públicas no quadro da União que potenciem o desenvolvimento e reforcem a coesão e a solidariedade entre as regiões ou entre os Estados, mormente nos mais frágeis e descompensados. O mecanismo de estabilidade existente (MEE), parco em fundos e rigoroso em condicionalidade, não está preparado para acudir a situações de perigo e de contágio em países de maior peso económico, como a Espanha, a Itália ou a França. A Grécia, com uma dívida pública insustentável e galopante, e Portugal que se perfila, à distância, no mesmo tendencial caminho, não são mais tratáveis com a receita do costume: a austeridade compulsiva e viciosa, que gera mais austeridade e empobrecimento. A denominada união bancária, incipiente e, sobretudo, prudencial e supervisora, não dispõe de suportes comuns e solidários, em fundos únicos de resolução e de garantia de depósitos, capazes de evitar, em situações de bancos comatosos, que os prejuízos decorrentes recaiam sobre os depositantes e os contribuintes, penalizando os orçamentos dos Estados visados.

O BCE tem feito tudo ao seu alcance para atenuar o enervamento dos mercados financeiros e para caucionar uma certa tranquilidade no financiamento dos Estados mais frágeis, incluindo Portugal e excluindo a Grécia; mas a capacidade de intervenção não convencional da instituição de Frankfurt pode desgastar-se e, sobretudo, deslegitimar-me perante o retraimento da margem justificativa de competência em que se apoia para ir, de facto, em socorro das dívidas soberanas e para disponibilizar dinheiro no mercado. Carecem as decisões multilaterais adequadas, coesas e solidárias, dos estados--membros, escasseia a ação concertada e consequente das instituições comunitárias, falha a política supranacional. Há falta de união nesta União, como disse o Presidente Juncker. Nenhuma das dificuldades sistémicas, nenhuma das insuficiências estruturais, com que se debate a UE no seu conjunto, e, no caso vertente, a sua zona euro, desde a sua fundação, foi ainda resolvida.

2. Zona monetária (não) ótima e progressão federal. A zona euro, sendo, como se referiu acima, uma área monetária não-ótima, incluiu, à partida, países com moedas «fortes» e moedas «fracas», onde as disparidades nacionais e regionais são acentuadas, onde os choques assimétricos são inevitáveis, como a presente crise demostrou, sem que as soluções adotadas tenham sido as mais convenientes para os compensar no futuro.

A política monetária uniformizada do BCE não produziu efeitos similares em todas as economias da zona; a uniformização das medidas do banco central teve sucesso na contenção e na convergência nominal das taxas de inflação na zona euro como um todo, mas, apesar da sua inegável atuação virtuosa, provocou divergências nas taxas reais nacionais, acentuando desequilíbrios. Com efeito, nalguns estados-membros, como na Alemanha, teve efeitos recessivos (2001-2005) em virtude da baixa inflação, aos quais este país conseguiu dar a volta com reformas no mercado de trabalho e noutros sectores que favoreceram uma recuperação com efeitos benéficos nas exportações, mas à custa de mão-de-obra barata e da retração do consumo interno; noutros, como na Grécia, Irlanda, Portugal, Itália e Espanha, induziu ao aumento do consumo, ao recurso ao crédito fácil, ao crescimento de sectores não transacionáveis, como no imobiliário, ao aumento dos défices financiados pelos excedentes de países que deles dispunham (Alemanha e outros). Esta política centralizada do BCE, sendo por princípio correta, tem de ser contrabalançada por medidas políticas de governação igualmente centralizadas (fiscais, orçamentais, sociais, laborais) que corrijam e contrariem os desequilíbrios estruturais nacionais e regionais, geralmente inevitáveis, que obviem também a choques conjunturais localizados, o que pressupõe necessariamente transferências orçamentais "solidárias" de umas regiões para outras.

Ora, isto só se resolve no quadro de uma zona monetária ótima da área do euro, que, para o ser, pressupõe a progressão para uma união mais integrada, tendencialmente federal, por via de políticas públicas e de suportes orgânicos no quadro supranacional. Foi isso que aconteceu com a unificação política, em 1990, da atual República Federal da Alemanha quando a RFA absorveu a RDA, com desequilíbrios colossais entre ambas: lá, a união monetária exequível foi compensada pela solidariedade financeira, pela mobilidade laboral, pelas políticas de convergência, entre outros recursos instrumentais e normativos centralizados no quadro de um Estado federal. Apesar das disparidades persistentes, um quarto século após a queda do muro de Berlim, a Alemanha da crise da zona euro e do tratado orçamental parece ter esquecido a evidência histórica da sua história recente.

3. O paradoxo germânico. E se todos fôssemos como a Alemanha?

A solução de "reformas" de austeridade no quadro da crise da zona euro – preconizada pela Alemanha (que tem aí, parece, um entendimento cultural e político diferente do que é percecionado alhures) e formalizada, no quadro jurídico da União, pelo reforço da supervisão e das medidas punitivas no âmbito do PEC e, fora dele, no plano multilateral, pelo TECG ("tratado orçamental"), com implacável severidade nos países intervencionados pela troica – segue o modelo da que foi utilizada por este país na sua crise recessiva da primeira metade da década de 2000. Permitiu-lhe a vantagem que tem atualmente: contenção interna do consumo e aposta nas exportações favorecida pelos desequilíbrios de competitividade de parceiros do mercado interno europeu que, alegadamente, pretende corrigir com as coativas medidas de austeridade que defende. Por louváveis e atempadas que fossem essas reformas alemãs, fizeram-se num contexto internacional e europeu bem mais favorável do que aquele em que os Estados mais debilitados são obrigados agora a executar políticas de austeridade de extrema exigência – numa ambiência de recessão e de crise financeira e bancária, de que não há memória desde que o euro é euro, se não mesmo desde os primórdios da integração europeia. Se todos os países da União ou da zona euro adotassem comportamentos idênticos, se todos fossem como a Alemanha, admitindo hipoteticamente que isso seria possível, a competitiva mais-valia tudesca no mercado interno europeu diluir-se-ia; e o Estado germânico perderia a supremacia de que goza e o protagonismo mandante a que se alcandorou no decurso da crise. Uma tão confortável vantagem teutónica aponta já para um problema de outra natureza: a Alemanha não vai querer perdê-la; e não vai querer, por certo, agora – numa altura em que beneficia com as assimetrias dos parceiros ou numa deriva unilateral em que parece privilegiar sobretudo a defesa dos seus interesses, a julgar, por entre outros sinais e atitudes, pelas persistentes recriminações do ministro alemão das finanças W. Schäuble.

Até há alguns anos atrás, antes da crise, a Alemanha situava-se em geral na vanguarda dos países que desejavam a progressão federalista da Europa; contudo, parece agora menos interessada no aprofundamento estrutural da União, rejeitando ou restringindo propostas que pretendam fazer descolar o projeto integrador ou viabilizar soluções concretas para atacar eficazmente dificuldades ocorridas. Como resolver, pois, esta magna questão de uma Europa de mercado interno unificado sem meios para compensar os desequilíbrios estruturais entre Estados ou entre regiões e para obviar a choques assimétricos? Como superar os constrangimentos desta União de Estados soberanos sem que se progrida na senda da União de Estados federados que a própria Alemanha realizou e concluiu para si própria, depois das últimas guerras, a da quente e a da fria?

A resposta decorre da análise acabada de realizar, que remete para a superação da insuficiência estrutural da origem do processo: a da união económica que não houve, e que tem de haver como antecâmara da união política que está longe de o ser. No plano Werner de 1970, que a Alemanha de Willy Brandt protagonizou, mas que França não quis, estava lá tudo, ou quase; no Plano Delors de 1989, que a França apoiava e a Alemanha condicionou, não estava lá tudo, mas estava lá alguma coisa, de perene e sustentável; no compromisso modesto do pacto de Maastricht de 1992, que a parceria franco-germânica subscreveu, ficou a união monetária, mas não a união económica. No roteiro, em curso, para concluir a união económica e monetária, que a França quer (à sua maneira) e Alemanha recusou na primeira versão (4 presidentes) e restringiu na última (5 presidentes), falta lá muita coisa; mas seria um ponto de partida, à falta de melhor, para uma progressividade exequível e realista, mais convergente e solidária, se fosse otimizado com medidas concretas e desinibidas. Se a Alemanha quisesse... ou fosse obrigada.

4. O regresso ao Estado vestefaliano não é solução. Há críticas, recriminações e mitos que se gastaram ao longo da crise da zona euro. Na verdade, não faz mais sentido, se é que alguma vez o fez, perorar sobre a virtuosa poupança nórdica em contraste com o perdulário despesismo do Sul; sobre o alegado risco moral que representam as invocadas transferências solidárias das diligentes e dinâmicas formigas setentrionais em benefício das preguiçosas e estridulantes cigarras mediterrânicas. Mesmo que uma tal alegação, que persiste em 2016 no discurso germânico e aparentado, tivesse uma réstia de racionalidade ou de verdade, cai pela base porque não resolveu problema algum. Não vale a pena, tão-pouco, inveitvar contra os erros sistémicos, as cabalas imaginadas ou os voluntarismos originais dos negociadores da moeda única para sugerir que nunca esta deveria ter existido e o melhor seria acabar com ela, se não para todos, pelo menos para alguns. Aqueles que assim cismam não propõem alternativas credíveis; ou supõem cenários miríficos que partem sempre do pressuposto de que o ressurgimento das nações só é possível pela restauração vestefaliana da sacrossanta e inviolável soberania do Estado, – panaceia salvífica e redentora que porá fim a todos os atropelos e agressões, asfixias e domínios, que a história simplesmente desmente. As expressões gradativas desta avalanche soberanista ou populista expandem-se e radicalizam-se: em nome «de um futuro à nossa frente, que pode ser aliciante e digno», «um ressurgimento nacional», «mas para isso é necessário cortar com a asfixia europeia», que passa pela «vantagem em adotar um posicionamento na cena europeia semelhante aos Ingleses» – diz-se por cá, no luso retângulo peninsular[37]; em prol de «uma nova era isabelina de orgulho nacional e de prosperidade», uma Grã-Bretanha devolvida à «grandeza» na assunção da sua «vocação histórica de uma verdadeira potência global», se for «desembaraçada do cadáver da esclerosada

---

[37] J. F. do Amaral, *Porque devemos sair do euro* [...], cit., p. 125.

UE»[38] – diz-se por lá, no Reino de Sua Majestade, em processo acelerado de rotura com o «monstro» de Bruxelas. É a moda do tempo:
como em todas as épocas de crise, os profetas da desgraça e os pre-
gadores da exclusão do outro e da reposição da fronteira-fortaleza,
os salvadores de serviço e os mensageiros dos amanhãs que cantam
investem todos contra o demónio do tempo. O deste tempo é a UE,
que não se sabe porquê nem como; mas culpada é, certo e sabido,
de todos os pesadelos e de todos os perigos que ameaçam as nações:
seja por via do «monstro» do euro para os que estão na moeda única,
seja por culpa da praga dos imigrantes para os que nela não estão,
seja pela invasão de refugiados ou de islâmicos aqui ou alhures, na
Europa cristã do bando dos quatro de Visegrád ou na América "First"
/ "Great Again" de D. Trump.

Congeminar uma cabala política para impor a moeda única em
detrimento da dinâmica economia real é subestimar o papel da política
em favor da omnipotente força do mercado, que, alega-se, por si só
se autorregula, mas que, parece agora evidente, conduziu – com os
desmandos dos agentes no terreno, os dogmas dos doutrinadores de
percurso e a cumplicidade obediente dos atores políticos de serviço –,
à crise paroxística a que se chegou. Confiar na fundamentalista "mão
invisível" do mercado como garante da "riqueza das nações" não só
desvirtua o iluminado pensamento original do seu autor setecentista
como padece da mesma ingenuidade lapidar dos que, a propósito
da integração europeia, acreditaram no automatismo neofuncionalista do *spill over effect*. A política tem que intervir em favor de uma
economia de mercado socializada, que tenha em conta as pessoas;
não tem que demitir-se e ficar refém do *laissez-faire laissez-passer*
de um mercado selvático, à rédea solta, sob o estandarte de uma
alegada concorrência «livre e não falseada», que os tratados europeus,

---

[38] Nick Witney, «Brexit to nowhere: the foreing policy consequences of "out"», European Council on Foreign Relations, ECFR/146, November 2015 (http://www.ecfr.
eu/page/-/FP_Brexit_1141.pdf).

desde Maastricht, caucionaram. Humanizar as políticas da União, democratizar os procedimentos normativos, reforçar a coesão e a solidariedade é vital para a sobrevivência do projeto europeu, para estimular a empatia dos povos, para inverter esta deriva perigosa de demonização da UE, para delir a ilusão salvífica do regresso à plena soberania do Estado-nação como elixir mágico que fará ressurgir as nações e a prosperidade dos povos. Num mundo fortemente interdependente, onde todos precisam de todos, o regresso ao isolacionismo dos Estados, ao muramento protecionista, à armadilha da exclusão, ao egoísmo nacionalista, não resolveria problema algum e agravaria todas as dificuldades e fricções.

5. A Europa não é uma opção, mas uma necessidade. Não se vê alternativa à Europa; mas tem de haver alternativas políticas e concretas para as dificuldades, insuficiências e disfunções desta Europa, que, de dia para dia, desencanta e impacienta. É preciso aprofundar a união económica e monetária, com medidas mais ousadas e consistentes do que as que timidamente estão esboçadas no Plano dos Cinco Presidentes. É imperativo reforçar, pelo menos para a zona euro, as competências da União em matéria fiscal e orçamental, dotá-la de capacidade de intervir em políticas públicas na área económica e social, para reorientação estratégica e para redução de desequilíbrios entre regiões ou entre Estados, completando a sua ação em situações de fragilidade estrutural e/ou em períodos de crise cíclica e de descompensação assimétrica. É necessário, em suma, corrigir as insuficiências originais do projeto de união económica e monetária, reparar as fissuras escancaradas, cortar, enfim, o nó-górdio do problema.

Ora, uma tal atuação otimizada, que pressupõe alteração dos tratados, não se faz com mais estado-nação, que defende tão-só os seus interesses unilaterais, mas com transferência ou com a partilha, para o quadro da União, de competências nalguns domínios que têm sido reserva soberana dos Estados; salvaguardando, contudo, e sempre, a identidade e a autonomia próprias de cada componente na aproximação tendencial à grande união das Nações no Estado da União. É urgente, para o efeito, conter a deriva intergovernamental e soberanista que tanto inépcia tem demonstrado na forma como tem lidado com a crise, repor a credibilidade e consolidar a concórdia europeia, reatar o sentimento de pertença à Europa e de empatia ao projeto integrador.

Só assim se pode retomar o caminho certo e sustentável para prosseguir no desígnio desta extraordinária aventura coletiva de Paz e de Progresso, para «aprofundar a solidariedade entre os seus povos, respeitando a sua história, cultura e tradições»; e, sem desfalecer, para «continuar o processo de criação de uma união cada vez mais estreita entre os povos da Europa, em que as decisões sejam tomadas ao nível mais próximo possível dos cidadãos, de acordo com o princípio de subsidiariedade», como solenemente proclamam os tratados. Que nunca foi fácil, que está a ser difícil, que continuará por certo a sê-lo..., mas a dificuldade não pode ser razão ou pretexto para retroceder ou para desistir. Haverá, por ventura, outra alternativa, que não seja a de reforçar a unidade e a solidariedade do conjunto europeu, contra os seus próprios demónios, contra os fantasmas das derivas protecionistas, isolacionistas e xenófobas, contra as ameaças externas num Mundo em desestruturação acelerada, que perpassam por aqui e alhures... e lá onde menos se esperava – ingredientes do caldo sinistro que esteve sempre na origem das tragédias?

Em tempo de crise fraturante, extensiva e durável, a Europa coesa e solidária, mais democrática e social, que devolva a confiança aos europeus é mais necessária do que nunca. A história da construção europeia tem demonstrado que ela sai geralmente reforçada das crises; e esta, que angustia e deprime, apesar da sua ominosa configuração, tem de ser positivamente superada. Relembrar, a propósito, Jean Monnet pode servir de lenitivo inspirador: «não se pode progredir sem uma certa desordem»; «as dificuldades têm esta vantagem, de poderem ser utilizadas como uma alavanca»; «os homens só aceitam a mudança perante a necessidade e só veem a necessidade perante a crise»; «quando se está sob a tempestade, é necessário caminhar em frente». «Que fazer? [...]. Continuar, continuar, continuar» – desafiava assim este "pai fundador" [39].

Uma «certa desordem» tem limites: não deve ultrapassar o ponto de não-retorno. Quando a realidade supera a ficção, como parece estar a acontecer neste inverno de 2017, com tantas ameaças e incertezas que pairam sobre esta parte do Ocidente... andar-se-á, porventura, na vereda ínvia do abismo. Há que recuar enquanto é tempo e «caminhar em frente»... na direção da Europa Una, na eterna busca de si própria.

---

[39] *Repères pour une méthode, propos sur l'Europe à faire.* Paris: Fayard, 1996, p. 25-27.

CRONOLOGIA.

DATAS RELEVANTES SOBRE A COOPERAÇÃO MONETÁRIA, A UNIÃO MONETÁRIA EUROPEIA E A GOVERNAÇÃO ECONÓMICA DA UE (1957-2016)

1. Da cooperação monetária à moeda única (1957-1998)

ANO	DATA	ACONTECIMENTO
1957	*25 de março*	Assinatura em Roma dos Tratados que instituem a Comunidade Económica Europeia (CEE) e a Comunidade Europeia da Energia Atómica (Euratom).
1958	*1 de janeiro*	Entrada em vigor dos Tratados de Roma.
1968	*1 de Julho*	União aduaneira entre os Seis. Supressão dos direitos aduaneiros entre os Estados-Membros sobre os produtos industriais. Entra em vigor uma pauta aduaneira comum.
1969	*17 de Julho*	Acordo sobre um mecanismo monetário de apoio entre os Seis (Plano Barre).
1970	*17 de outubro*	Relatório Werner sobre a criação de uma União económica e monetária.
1971	*22 de março*	Adoção pelos Seis do projeto de União económica e monetária.
	15 de abril	Suspensão da convertibilidade do dólar em ouro.
1972	*24 de abril*	Criação da «serpente monetária europeia».
	19-21 de outubro	Cimeira dos Nove em Paris: adoção de um programa de ação tendo como objetivo uma União europeia em 1980
1973	*3 de abril*	Criação de um Fundo Europeu de Cooperação Monetária (FECOM).
1978	*6-7 de julho*	O Conselho Europeu de Bremen aprova um novo Sistema Monetário Europeu (SME) para entrar em funcionamento a 13 de março de 1979.
1984	*3-4 de dezembro*	O Conselho Europeu, reunido em Dublin, decide reforçar o sistema monetário europeu e dar ao ecu um papel de maior relevo.
1985	*2-4 de dezembro*	O Conselho Europeu reúne-se no Luxemburgo. Os Dez acordam a revisão do Tratado de Roma assim como o relançamento da integração europeia através da elaboração de um Ato Único Europeu.
1986	*17 e 28 de fevereiro*	Assinatura no Luxemburgo e na Haia do Ato Único Europeu, para entrar em vigor no 1º de julho de 1987.
1987	*12 de setembro*	Adoção de medidas de reforço do Sistema Monetário Europeu (SME) pelos ministros da economia e das finanças.

	10 de novembro	O Banco de Portugal assina o acordo de adesão ao Sistema Monetário Europeu (SME).
1988	*29 de março*	A Comissão publica os resultados do estudo «Europa 1992 - o desafio global», elaborado, a seu pedido, por um grupo de peritos independentes, a fim de avaliar as vantagens do mercado único.
1989	*12 de abril*	Apresentação do relatório sobre a união económica e monetária elaborado pelo Comité presidido por Jacques Delors.
	19 de junho	A peseta entra no mecanismo de taxas de câmbio do sistema monetário europeu (SME) e a composição do ecu é adaptada na sequência da inclusão da peseta e do escudo.
	8-9 de dezembro	Reunião em Estrasburgo do Conselho Europeu. Decide convocar, antes do final de 1990, a conferência intergovernamental destinada a elaborar uma alteração do Tratado, tendo em vista as fases finais da união económica e monetária.
1990	*25-26 de junho*	O Conselho Europeu reúne-se em Dublin. Reforça a necessidade de realizar, em paralelo, duas conferências intergovernamentais: uma sobre a União Económica e Monetária, e outra sobre a União Política.
	1 de julho	Entra em vigor a primeira fase da União Económica e Monetária (UEM). É concedido a quatro Estados-Membros (Espanha, Portugal, Grécia e Irlanda) um regime de exceção por se considerarem insuficientes os seus progressos em matéria de integração financeira.
	3 de outubro	Reunificação da Alemanha, os *Länder* da antiga Alemanha de Leste passam a fazer parte da UE.
	14-15 de dezembro	O Conselho Europeu reúne-se em Roma, Itália, e lança as duas conferências intergovernamentais sobre a União Económica e Monetária e a União Política.
1991	*28-29 de junho*	Na reunião do Conselho Europeu, no Luxemburgo, confirma-se a necessidade de conduzir em paralelo os trabalhos das duas Conferências Intergovernamentais: uma sobre à União Económica e Monetária e a outra relativa a aspetos da união política, com base no projeto de tratado elaborado pela Presidência.
	9 a 10 de dezembro	Adoção, pelo Conselho Europeu de Maastricht, do Tratado da União Europeia, que estabelece, entre outras medidas e objetivos relevantes, a criação de uma união económica e monetária, incluindo uma moeda única.
	9-10 de dezembro	O Conselho Europeu, reunido em Maastricht, Países Baixos, chega a acordo sobre o projeto de Tratado da União Europeia.
1992	*7 de fevereiro*	É assinado em Maastricht o Tratado da União Europeia, pelos Ministros dos Negócios Estrangeiros e pelos Ministros das Finanças dos Estados-Membros.
	4 de abril	O escudo entra no mecanismo de taxas de câmbio do Sistema Monetário Europeu.
1993	*1 de janeiro*	Entra em vigor o Mercado Único.
	29 de outubro	O Conselho Europeu, reunido em Bruxelas, Bélgica, adota uma declaração para assinalar a entrada em vigor do Tratado da União Europeia, confirma que a segunda fase da União Económica e Monetária terá início em 1 de janeiro de 1994.
	13 de dezembro	O Conselho conclui o acordo que cria o Espaço Económico Europeu (EEE).

	15 de dezembro	As delegações dos Estados participantes nas negociações do Uruguay Round (GATT) assinam, em Genebra, um acordo destinado a concretizar a mais ampla liberalização da história do comércio mundial.
1994	*1 de janeiro*	Inicia-se a segunda fase da União Económica e Monetária e é criado o Instituto Monetário Europeu (IME). Entra em vigor o acordo que cria o Espaço Económico Europeu (EEE).
1995	*15-16 de dezembro*	O Conselho Europeu, reúne-se em Madrid, Espanha. Estabelece que a Conferência Intergovernamental terá início a 29 de março de 1996 e confirma que a introdução da moeda única («euro») terá lugar em 1 de janeiro de 1999.
1996	*13-14 de dezembro*	O Conselho Europeu, reunido em Dublin, Irlanda, chega a um acordo sobre o conjunto dos elementos necessários à criação da moeda única (enquadramento jurídico do euro, pacto de estabilidade, novo mecanismo de taxas câmbio).
1997	*16-17 de junho*	O Conselho Europeu aprova diversas disposições que facilitam uma passagem sem incidentes para a terceira fase da União Económica e Monetária, adota uma resolução sobre o crescimento e emprego.
	12-13 de dezembro	O Conselho Europeu reúne-se no Luxemburgo, adota as decisões necessárias para lançar todo o processo de alargamento e adota uma resolução sobre a coordenação das políticas económicas.
1998	*3 de maio*	O Conselho extraordinário decide que onze Estados-Membros preenchem as condições necessárias para a adoção da moeda única em 1 de janeiro de 1999. A Comissão Europeia e o Instituto Monetário Europeu especificam as condições para a fixação das taxas de conversão irrevogáveis do euro.
	26 de maio	Os governos dos Estados-Membros adotam a moeda única e nomeiam, de comum acordo, o presidente, o vice-presidente e os outros membros da Comissão Executiva do Banco Central Europeu.
	1 de junho	É instituído o Banco Central Europeu.
	15-16 de junho	O Conselho Europeu reúne-se em Cardiff, no Reino Unido. É esboçada a estratégia da União Europeia para promover o crescimento, a prosperidade, o emprego e a inserção social, e definido um calendário para a Agenda 2000.
	31 de dezembro	O Conselho adota as taxas de conversão fixas e irrevogáveis entre as moedas nacionais dos onze Estados-Membros participantes e o euro.

2. Da moeda única à crise da área do euro (1999-2016)

ANO	DATA	ACONTECIMENTO
1999	*1 de janeiro*	Início da terceira fase da UEM: as moedas de 11 Estados-Membros são substituídas pelo euro que é introduzido nos mercados financeiros para transações não efetuadas em numerário. O Banco Central Europeu passa a ser responsável pela política monetária.
2000	*23 e 24 de março*	O Conselho Europeu de Lisboa define uma nova estratégia para fomentar o emprego na UE, modernizar a economia e reforçar a coesão social numa Europa baseada no conhecimento.
	19-20 de junho	O Conselho Europeu reúne-se em Santa Maria da Feira, Portugal. São adotadas as Orientações Gerais das Políticas Económicas dos Estados-Membros e da Comunidade para o ano 2000. É aprovada a entrada da Grécia na zona euro.
	22 de setembro	O Banco Central Europeu, a Reserva Federal dos EUA e o Banco do Japão decidem intervir para apoiar o euro.
	28 de setembro	Realiza-se na Dinamarca um referendo sobre o euro. A maioria rejeitou a adesão à moeda única europeia.
2001	*25 de julho*	A Comissão adota um Livro Branco sobre a Governança europeia.
2002	*1 de janeiro*	Entrada em circulação das notas e moedas de euros nos 12 países da área do euro.
2003	*14 de setembro*	Realiza-se na Suécia um referendo sobre o euro. A maioria rejeitou a adesão à moeda única europeia.
2007	*13 de dezembro*	Assinatura do Tratado de Lisboa no Mosteiro dos Jerónimos, em Lisboa, que entrará em vigor depois de ratificado pelos Estados-membros.
2008	*1 de janeiro*	Adoção do euro por Chipre e Malta, que eleva para 15 os membros da zona euro.
	7 de setembro	Crise financeira internacional que abala a economia mundial. Os EUA decidem intervir para ajudar as sociedades hipotecárias Fannie Mae e Freddie Mac. Uma semana depois, a 15 de setembro, o banco de negócios Lehman Brothers abre falência, mas o governo americano decide não intervir. Alguns bancos europeus revelam dificuldades graves.
	16 de novembro	Cimeira do G-20 para debater a crise financeira internacional, tendo-se concordado com reformas tendentes ao reforço dos mercados financeiros, e com facilidades de acesso ao financiamento por parte dos países em desenvolvimento e das economias emergentes.
2009	*1 de janeiro*	Eslováquia adota o euro, a zona euro passa a ter 16 países.
	16 de outubro	O governo socialista grego, recém-eleito, revela ocultação das contas pelo governo que o antecedeu, anunciando que o défice público era bem mais elevado do que fora previsto. Com esta declaração, desencadeia-se a crise grega e, por contágio, a crise das dívidas soberanas da zona euro.
	1 de dezembro	Entrada em vigor do Tratado de Lisboa.
	21 de outubro	Lançamento dos dois primeiros satélites Galileu da União Europeia que ajudarão a melhorar os transportes, os serviços de salvamento, as transações bancárias e o fornecimento de eletricidade.

	23 de setembro	O Conselho Europeu aprova um certo número de medidas destinadas a garantir o crescimento e a criação de emprego.
	26 de outubro	Durante a Cimeira de Chefes de Estado e de Governo da zona euro é decidida a adoção de uma estratégia global com vista a assegurar a consolidação orçamental, o crescimento, o apoio aos países em dificuldades e uma governação da zona euro mais forte.
	1 de novembro	Mario Draghi, ex-governador do Banco Central de Itália, assume a presidência do Banco Central Europeu (BCE).
	3-4 novembro	Os dirigentes das 20 maiores economias desenvolvidas e emergentes, reunidos na Cimeira do G20 em Cannes, França, estabelecem um consenso sobre a necessidade de uma ação determinada e coordenada para a recuperação económica mundial e para a reforma do sistema financeiro.
	8 de novembro	O Conselho dos Assuntos Económicos e Financeiros adota um pacote de seis propostas legislativas destinadas a reforçar a governação económica na UE. Este pacote prevê regras para uma gestão mais responsável dos bancos.
	23 de novembro	A Comissão apresenta um pacote de medidas destinadas a aprofundar a governação económica da UE e da zona euro, entre as quais dois regulamentos destinados a reforçar a supervisão económica e orçamental na zona euro e um Livro Verde sobre a emissão de obrigações de estabilidade.
	9 de dezembro	Durante o Conselho Europeu, 17 membros da zona euro e vários outros países da UE comprometem-se a participar num novo «pacto fiscal» e a reforçar a coordenação das suas políticas económicas.
	13 de dezembro	Entrada em vigor de um pacote de seis medidas legislativas – cinco regulamentos e uma diretiva (*six pack*) para reforçar o pacto de estabilidade e crescimento (PEC), aprofundar a supervisão orçamental e coordenar as políticas económicas.
	19 de dezembro	O Liechtenstein adere ao regime de livre circulação.
2012	22 de janeiro	Resultado favorável do referendo croata sobre adesão à UE, possibilitando este país tornar-se no 28º Estado-Membro da União Europeia, em 1 de julho de 2013.
	30 de janeiro	Acordo, em cimeira informal do Conselho Europeu, com exceção do Reino Unido e da República Checa, sobre a necessidade de aprovação de um novo Tratado sobre a Estabilidade, a Coordenação e a Governação na União Económica e Monetária (TECG), destinado a reforçar a disciplina orçamental e a aplicação da «regra do orçamento equilibrado».
	2 de fevereiro	Assinatura do Tratado que cria o Mecanismo Europeu de Estabilidade (MEE), com sede no Luxemburgo, para apoiar o financiamento países da zona euro em casos em que possa comprometer-se a estabilidade financeira.
	21 de fevereiro	Acordo dos Ministros das Finanças da zona euro para um segundo programa à Grécia, que prevê perdas dos credores privados e reforço da supervisão.
	1-2 de março	Assinatura pelos Estados-membros participantes do Tratado sobre Estabilidade, Coordenação e Governação na UEM.
	30 de maio	Adoção de Comissão recomendações, no âmbito do Semestre Europeu, para cada um dos 27 países da UE sobre os respetivos orçamentos e políticas económicas para 2012-2013.

	28-29 junho	Acordo do Conselho Europeu sobre o Pacto para o Crescimento e o Emprego, para reanimar a economia, com um valor de 120 mil milhões de euros para realizar investimentos.
	4 de julho	Rejeição, pelo PE, do tratado internacional sobre o Acordo Comercial Anticontrafação (ACTA), em virtude de ferir direitos dos utentes da Internet.
	26 de julho	O Presidente do Banco Central Europeu, Mario Draghi, declara em Londres que «o BCE está preparado para fazer o que for necessário para preservar o euro e acreditem que tal será suficiente». No dia seguinte, a chanceler alemã, Angela Merkel, disse: «o Governo alemão fará tudo o que for politicamente requerido para manter o euro».
	12 de setembro	O Presidente da Comissão Europeia, Durão Barroso, no discurso sobre o estado da União, propõe uma nova visão para a Europa, sob a fórmula de federação de Estados-nação.
	8 de outubro	O Mecanismo Europeu de Estabilidade (MEE), para salvaguardar a estabilidade da zona euro, entra em vigor.
	18-19 de outubro	Acordo do Conselho Europeu sobre a necessidade de adoção de um sistema comum de supervisão dos bancos da zona euro.
	28 de novembro	Publicação da Análise Anual do Crescimento 2012, dando assim início ao «Semestre Europeu» para a coordenação das políticas económicas.
	10 de dezembro	Prémio Nobel da Paz de 2012, atribuído à UE, pelo papel desempenhado, com a integração europeia, em prol da paz, da democracia e dos direitos humanos.
	13 de dezembro	Lançamento das bases, pelo Conselho Europeu, sobre uma futura união bancária, que deve comportar um «mecanismo único de supervisão» (MUS), sob supervisão Banco Central Europeu no que respeita aos grandes bancos da zona euro.
2013	1 de janeiro	Entra em vigor o Tratado sobre a Estabilidade, a Coordenação e a Governação na União Económica e Monetária (mais conhecido como «pacto orçamental»). O Tratado tem por objetivo reforçar a disciplina orçamental na área do euro através da «regra de equilíbrio orçamental» e do mecanismo de correção automática.
	21 de janeiro	O Eurogrupo nomeia um novo Presidente, o Ministro das Finanças neerlandês, Jeroen Dijsselbloem, para um mandato de dois anos e meio.
	7-8 de fevereiro	Durante o Conselho Europeu, os países da UE chegaram a acordo quanto ao quadro financeiro plurianual para 2014-2020, que define os limites e os princípios do orçamento anual da UE para esse período.
	15 de março	Os dirigentes da UE aprovam, em Conselho Europeu, as prioridades económicas da União para 2013 e definem as orientações estratégicas para as políticas orçamentais no quadro do ciclo semestral designado de «Semestre Europeu».
	25 de março	O Eurogrupo chega a um acordo político sobre o futuro programa de ajustamento económico para Chipre, com o objetivo de recuperar as finanças públicas e o setor financeiro do país.
	13 de maio	São adotados dois regulamentos da UE sobre a governação económica na área do euro (designados *Two-Pack*), a fim de reforçar o controlo das finanças públicas dos países.
	22 de maio	O Conselho Europeu reúne-se em Bruxelas, a fim de debater os problemas de evasão e fraude fiscais, bem como as políticas no domínio da energia.
	27-28 de junho	Os dirigentes da UE, reunidos no Conselho Europeu em Bruxelas, confirmam que a Letónia adotará o euro em 2014.

	11 de setembro	No seu discurso anual sobre o estado da União, o Presidente da Comissão Europeia, Durão Barroso, instou todos os cidadãos europeus a defender a causa da Europa.
	15 de outubro	São adotadas regras que criam um mecanismo de supervisão único dos bancos e outras instituições de crédito, o que constitui o primeiro «pilar» de uma união bancária europeia.
	13 de novembro	A Comissão publica a sua análise anual do crescimento respeitante a 2013, assinalando assim o início do Semestre Europeu, uma ferramenta de coordenação das políticas económicas.
	28-29 de novembro	Durante a cimeira da Parceria Oriental, realizada em Vilnius, a Geórgia e a Moldávia assinam acordos de associação com a UE. As relações da UE com a Ucrânia ainda não estão bem definidas e são objeto de controvérsias no interior do país.
	2 de dezembro	O Conselho adota o quadro financeiro plurianual para o período de 2014-2020, pondo assim termo a dois anos e meio de negociações e permitindo que uma nova geração de programas de despesas da UE tenha início a partir de 1 de janeiro de 2014.
	19 de dezembro	O Conselho Europeu concorda em princípio com a regulamentação a aplicar relativamente à forma de lidar com os bancos em dificuldades, no quadro da futura União Bancária.
2014	1 de janeiro	A Letónia adota o euro como moeda nacional, tornando-se o 18.º membro da zona euro.
	8 de maio	A Comissão apresentou um plano de ação para a inovação na economia azul», para permitir uma utilização durável dos recursos marinhos e estimular o crescimento e o emprego na Europa
	15 de abril	O PE aprova medidas em favor da União Bancária, para impedir que falências dois bancos penalizem os contribuintes.
	22-25 de maio	Eleições para o Parlamento Europeu, com uma taxa de afluência às urnas de 43,09%
	15 de julho	Eleição, pelo PE, do luxemburguês Jean-Claude Juncker como Presidente da Comissão, que fora indigitado pelo Conselho Europeu na reunião de finais de junho.
	30 de agosto	Nomeação pelo Conselho Europeu do primeiro ministro polaco, Donald Tusk, como presidente desta instituição, e da ministra dos negócios estrangeiros italiana, Frederica Mogherini, como Alta Representante da União para os Negócios Estrangeiros e a Política de Segurança.
	22 de outubro	Aprovação pelo PE do nova Comissão Europeia com larga maioria absoluta (423 votos a favor, 209 votos contra e 67 abstenções)
	1 de novembro	Entrada em vigor da nova maioria qualificada do Conselho (dupla maioria da população e dos estados-membros), decidida pelo Tratado de Lisboa, substituindo, findo o período transitório, a maioria decorrente do tratado anterior (Nice), baseada na distribuição ponderada dos votos por países. Tomada de posse da Comissão presidida por Jean-Claude Juncker.
	18 de dezembro	O Conselho Europeu apoia criação de um Fundo Europeu de Investimentos Estratégicos (FEIE), no valor de 315 mil milhões de euros, para promover novos investimentos. Pede também que, para assegurar o bom funcionamento da União Económica e Monetária, os quatro presidentes (Comissão, Cimeira do Euro, Eurogrupo e BCE) apresentem um relatório até ao Conselho Europeu de junho de 2015.
2015	1 de janeiro	A Lituânia torna-se o 19° membro da zona euro.

	22 de janeiro	O BCE anuncia a compra de títulos de dívida pública e privada aos bancos ("flexibilização quantitativa"), a partir de março e até setembro de 2016, num montante de cerca de 1 bilião de euros. Medida não convencional, pretende-se fomentar o crédito às empresas e às famílias, reanimar a economia e o consumo e inverter a curva negativa da inflação (deflação).
	25 de janeiro	Vitória do partido Syriza, chefiado por Alexis Tsipras, nas eleições parlamentares da Grécia. Sendo um partido de extrema esquerda e antiausteridade, gera uma onda de reações pouco confortáveis nas lideranças governativas dos estados-membros e nas instituições europeias.
	13 de fevereiro	Reunião informal do Conselho Europeu em Bruxelas tratando de grandes desafios europeus: entre outros, a melhoria da UEM, à luz da nova situação política da Grécia, com a presença do novo primeiro ministro, Alexis Tsipras.
	19 de março	Reunião do Conselho Europeu, tendo-se acordado criar uma União Europeia da Energia.
	16 de junho	Acórdão do TJUE reconhecendo o cumprimento dos tratados europeus por parte do BCE no respeitante à compra por esta instituição de obrigações soberanas (OMT) de Estados participantes da área do euro e na sequência da célebre declaração Mario Draghi de fazer tudo para salvar o euro.
	18 de junho	Cimeira do Eurogrupo sobre a situação grega, sem resultados palpáveis.
	25-26 junho	O Conselho Europeu tomou nota do relatório para concluir a União Económica e Monetária solicitado pelo Conselho Europeu de dezembro de 2014 e solicitou ao Conselho que o examine rapidamente.
	5 de julho	Referendo na Grécia, convocado pelo governo sobre as condições propostas pelos credores institucionais (troica) para desbloquear a atribuição do financiamento previsto no programa de empréstimo em curso. O resultado foi favorável (61% do "não") à pretensão do primeiro ministro helénico para pressionar a reestruturação da dívida.
	13 julho	Acordo da cimeira do euro para um terceiro empréstimo (resgate) à Grécia, mediante um programa de financiamento a três anos a negociar entre as partes (troica e governo grego) por via de um memorando de entendimento. O BCE passa a fornecer liquidez aos bancos gregos.
	20 de julho	Assinatura do memorando de entendimento sobre um novo programa de apoio à Grécia, acordado a 13 de julho, a financiar pelo MEE sob rigorosas condições, num valor que pode ir até 86 mil milhões de euros.
	15 de outubro	O Conselho Europeu fez um balanço dos debates sobre o relatório dos (Cinco) Presidentes intitulado «Concluir a União Económica e Monetária Europeia». O Conselho Europeu reitera que o processo de conclusão da União Económica e Monetária deve ser levado por diante no pleno respeito do mercado único e de forma aberta e transparente.
	18 de dezembro	O Conselho Europeu confirma o seu empenhamento em zelar pela conclusão da União Económica e Monetária. Incita a Comissão e o Conselho a avançar rapidamente no que respeita a uma governação económica e orçamental mais eficaz, à representação externa da área do euro, à União Bancária, a fim de reforçar a estabilidade financeira na área do euro.
2016	28 junho	O Conselho Europeu reconhece que o Plano de Investimento para a Europa, em especial o Fundo Europeu para Investimentos Estratégicos (FEIE), já apresentou resultados concretos e é um grande passo para ajudar a mobilizar o investimento privado.

30 de outubro	Assinatura do Acordo Económico e Comercial Global Canadá–União Europeia (CETA), acordo de comércio livre que prevê a supressão de mais de 99% das tarifas comerciais entre os dois parceiros (União Europeia e Canadá).
	Ver também Europa.eu – A história da União Europeia (http://europa.eu/abc/history/index_pt.htm)

FONTES DOCUMENTAIS E BIBLIOGRAFIA

Fontes documentais

Este estudo apoia-se em fontes documentais diversificadas disponíveis até finais de 2016:

• Textos de órgãos da comunicação social, nacionais e estrangeiros – informação que foi utilizada, para consolidação da memória dos factos vividos, sobretudo na montagem diacrónica dos acontecimentos ocorridos no período de 2010-2016.

• Documentos institucionais da União ou afins:

    • fontes do direito primário: tratados europeus, respetivos protocolos e declarações (da UE e intergovernamentais, casos do TECG, MEE) e estatutos orgânicos e aparentados, pactos e acordos multilaterais;

    • fontes do direito derivado: documentos normativos das instituições e de órgãos da União (regulamentos, diretivas, decisões, pareceres, recomendações);

    • outros materiais diversos (textos preparatórios e informativos, de debate e de destaque, de orientação e de programação), em particular das instituições políticas e do BCE:

        • da Comissão (discursos sobre o estado da União, relatórios anuais sobre a atividade da União, dossiers especiais e prioridades programáticas sobre a Europa, balanços temáticos gerais ou setoriais, programas de trabalho e outras comunicações da Comissão ao(s) legislador(es) e a outros órgãos da União, livros verdes e brancos, relatórios, planos de ação, roteiros, estratégias, agendas, comunicados de imprensa, documentos de formulação de questões e de respostas dirigidos à comunicação social, sínteses explicativas e publicações);

• do Conselho Europeu e do Conselho (declarações, conclusões, comunicados, acordos, sínteses temáticas);

• do PE (debates, resoluções, acordos interinstitucionais, fichas técnicas);

• do BCE (atos de regulação, recomendações, regras e procedimentos, decisões, memorandos, declarações do governador, comunicados de imprensa, entrevistas, agendas semanais, publicações, guias, conferências, locuções, boletins, sínteses informativas e estatísticas).

Alguns documentos substantivos são referenciados ao longo do texto ou em notas de rodapé, quando a sua indicação se considerou imperativa, quer pelo destaque considerado na análise, quer pela citação direta de conteúdos respetivos. A parcimónia na explicitação das referências documentais pautou o propósito contido deste estudo, como se referiu no preâmbulo, porque a referenciação prolixa tornar-se-ia, além de fastidiosa, menos interessante para um setor preferencial de destinatários, que não exclusivamente o que está ligado à prática da investigação.

Bibliografia

Uma bibliografia seletiva pode ser discutível e pouco justa. Esta que se indica, que se pretende sumária e contida, poderá sê-lo ainda mais, apesar de subordinada a critérios. Não subestima, contudo, o mérito de muitos outros estudos afins à matéria versada, correlativos ou contextuais.

ALEXANDRE, Fernando et al. – *Crise Financeira Internacional*. Coimbra: Imprensa da Universidade, 2009.

AMARAL, João Ferreira do – *Porque devemos sair do euro. O divórcio necessário para tirar Portugal da crise*. Alfragide: Leya, 2013.

ANGEL, Benjamin – *L'Union économique et monétaire*. Paris: Ellipses, 2006.

ARTUS, Patrick, VIRAR, Marie-Paule – *Euro: par ici la sortie ? Les vrais options pour la France et l'Europe*. Paris : Fayard, 2017.

BAGUS – *A Tragédia do euro*. Lisboa: Actual Editora, 2011.

BECK, Ulrich – *A Europa Alemã. De Maquiavel a «Merkievel»: estratégias de poder na crise do euro*. Lisboa: Edições 70, 2013.

BENASSY-QUERE, Agnés, Coeuré, Bénoit – *Économie de l'euro*. 3e éd. Paris: La Découverte, 2014.

BLUMAN, Claude, PICOD, Fabrice – *L'Union européenne et les crises*. Bruxelles: Bruylant, 2011.

BRUNNERMEIER, Markus K., JAMES, Harold, LANDAU, Jean-Pierre – *The Euro and the Battle of Ideas*. Princeton: Princeton University Press, 2016.

CAMISÃO, I. and GUIMARÃES, M. H. – «The Commission, the Single Market and the Crisis: The Limits of Purposeful Opportunism». JCMS: *Journal of Common Market Studies*, 55 (2016), p. 223-239.

CHANG, Michele – *Monetary Integration in the European Union*. Basingstoke: Palgrave Macmillan, 2009.

CHOPIN, Thierry et FOUCHER, Michel (dir.) –*L'État de l'Union 2016. Rapport Schuman sur l'Europe*. Paris: Éd. Lignes de Repères, 2016.

DEFOSSEZ, Alexandre, MUÑOZ, Rodolphe (ed.) - *European Union and the Economic Crisis*. Louvain-la-Neuve: Larcier, 2011.

DEVOLUY, Michel - *L'euro est-il un échec* ? Paris: La Documentation Française: 2012.

— et al (dir.) - *Les politiques économiques européennes*. 2e éd. Paris: Points, 2015.

DUARTE, António Portugal - *O Sistema Monetário Internacional: uma perspetiva histórico-económica*. Lisboa: Actual Editora, 2015.

FARVAQUE, Étienne - *La banque centrale européenne*. Paris: La Découverte, 2010.

FERREIRA, Eduardo Paz - *Da Europa de Schuman à não Europa de Merkel*. Lisboa: Quetzal, 2014.

FRIEDMAN, George - *Focos de Tensão. Os choques geopolíticos que ameaçam o futuro da Europa*. Lisboa: Dom Quixote, 2015.

GUITTON, Jocely - *Quel gouvernement économique pour l'Union européenne*. Bruxelles: Bruylant, 2013.

HERON, Edwin - *À quoi sert la Banque Centrale Européenne?* Paris: La Documentation Française, 2013.

HEWITT, Gavin - *Europa a la deriva*. Madrid: Alianza Editorial, 2013.

HUBERDEAU, Philippe, LETTA, Enrico - *La construction européenne est-elle irréversible ?* Paris: La Documentation française, 2017.

JAMET, Jean-François - *L'Europe peut-elle se passer d'un gouvernement économique?* 2e éd. Paris: La Documentation Française: 2012.

KAUFFMANN, Pascal, *L'union monétaire européenne*, PU Bordeaux, 2008.

KENEN, Peter B. - *Economic and Monetary Union in Europe: Moving beyond Maastricht*. Cambridge: Cambridge University Press, 2014.

KRUGMAN, Paul - *Acabem com esta crise já*! Lisboa: Ed. Presença, 2012.

KUPCHAN, Charles A., SAPIR, André et al. - *A crise do euro*. Alfragide: Pub. Dom Quixote, 2015.

LOUIS, Jean-Victor, MEGRET, J. - *L'Union européenne et sa monnaie*, Université de Bruxelles, 3e éd., 2009.

MAMEDE, Ricardo Pais - *O que fazer com este País: do pessimismo da razão ao optimismo da vontade*. Queluz de Baixo: Marcador Editora, 2015.

MARQUES, Viriato Soromenho-Marques - *Portugal na queda da Europa*. Lisboa: Temas e Debates e Círculo de Leitores, 2014

MARTUCCI, Francesco – *L'ordre économique et monétaire de l'Union européenne.* Bruxelles: Bruyant, 2016.

— *l'Union bancaire.* Bruxelles: Bruyant, 2016.

MATELLY, Sylvie e NIVET, Bastien – *L'Europe peut-elle faire face à la mondialisation?* Paris: La Documentation française, 2015.

MOSS, Bernard H. – *Monetary Union in Crisis: The European Union as Neo-liberal Construction.* Palgrave MacMillan, 2014.

MULHEARN, Chris, HOWARD, R. Vane, *The Euro: Its Origins, Development and Prospects*, Cheltenham, Edward Elgar Publishing, 2008.

OFCE (Observatoire Français des Conjonctures économiques) – *L'économie européenne 2016.* Paris: La Découverte, 2016.

PATAT, Jean-Pierre – *Histoire de l'Europe monétaire.* Paris: La Découverte, 2005.

PIKETTY, Thomas – *Podemos salvar a Europa?* Queluz de Baixo: Marcador Ed., 2016.

PISANI-FERRY, Jean – *Le réveil des démons: La crise de l'euro et comment nous en sortir.* Paris : Fayard, 2011.

SAPIR, Jacques (dir.) – *L'euro est-il mort?* Monaco: Editions du Rocher, 2016.

SILVA, António Martins da - *História da Unificação Europeia: a integração comuni-tária (1945-2009).* Coimbra: Imprensa da Universidade, 2010.

— *Sistema Político da União Europeia. Arquitetura, funcionamento e teorização.* Coimbra: Edições Almedina, 2013.

SOARES, António Goucha – *Euro. E se a Alemanha sair primeiro?* Lisboa: Temas e Debates e Círculo de Leitores, 2016.

SOUSA, Teresa de – *Europa trágica e magnífica.* Lisboa: Público, 2014.

STIGLITZ, Joseph E. – *Le Triomphe de la Cupidité.* Paris: Les Liens qui libèrent, 2010.

— *The euro: How a Common Currency Threatens the Future of Europe.* New York: W. W. Norton & Company, 2016.

TAVARES, Rui – *A ironia do projeto europeu.* Lisboa: Tinta da China, 2012.

TEIXEIRA, Pedro Braz – *O fim do euro em Portugal? Como chegámos à crise atual.* Lisboa: Actual, 2014.

VAROUFAKIS, Yanis – *Os Fracos são os que Sofrem Mais?* Queluz de Baixo: Marcador Editora, 2016.

www.ingramcontent.com/pod-product-compliance
Lightning Source LLC
Chambersburg PA
CBHW050116210326
41519CB00015BA/3985